監修者――佐藤次高／木村靖二／岸本美緒

［カバー表写真］
樹齢1700年の茶樹（写真右手の木）

［カバー裏写真］
雲南駅の廟に置かれた馬幇像

［扉写真］
バター茶を攪拌する

世界史リブレット 83

東ユーラシアの生態環境史

Ueda Makoto
上田　信

目次

▼**チベット族**　中国のチベット自治州を中心に、雲南省西北部・青海省・甘粛省南部・四川省西部、さらにブータン・ネパールなどに居住する民族で、現在の人口は三〇〇万人以上。地域的な差異は大きい。雲南省西北部には有史以前からチベット族が居住していた。

雲南チベット族の村に架かる吊り橋　茶葉交易商人が資金を出して、一九四七年に架けたもの。

一杯のバター茶から香り立つ生態環境の歴史

チベット族の家を訪ねると、かならずバター茶が供される。

その年、雲南は雨が多く、夏には各地に被害をもたらした。私たち家族が雲南西北部をたずねたとき、雲南を南北に貫通する瀾滄江《ランツァンジャン》は増水し、チベット高原を削り取った褐色の土砂を大量にとかして渦を巻き、渓谷をさらに深く刻み込む自然の作業に余念がないようであった。これからたずねるチベット族▲の溜洞江《リウトウジャン》村にはいるには、鉄鎖で支えられた吊り橋を渡らなければならない。

橋桁《はしげた》のあいまから覗くと、河岸には経文を記した白い幡《はた》が激流にたえていた。この地のチベット族は、死者の亡骸《なきがら》をこの江に流すのだという。その信仰にもとづけば、命なき身体は古着のようなもの、少しでも他の生命の役に立つよう

雲南チベット族の民居

民家の経堂　壁にかけられているのがタンカ。

にと魚たちの食餌《しょくじ》とすれば、その行為が功徳となり、来世で幸いをもたらす。

降りしきる雨のなか、人気のない村を歩く。若衆は山にではじめた冬虫夏草《とうちゅうかそう》(二〇〜二一頁参照)を求めて、山中に幕営して寝起きし、村は年寄りと子どもばかりとなっていた。案内者の知合いの家をたずねて声をかけると、お婆さんが「あれまあ、久しぶりだね」、と導き入れてくれた。

この地方のチベット族の家は、石を積み重ねて泥を詰め、突きかためた頑丈な外殻のなかに、木造三層の居住空間がしつらえられてある。入り口のある層に居室があり、囲炉裏《いろり》が紫煙を立て、上層階を貫通する煙突に吸い込まれている。梯子をさがった層ではウシやブタが飼われる。上層階の片隅には経典をしまい仏事をおこなう経堂があり、菩薩を描いたタンカが掲げられている。丸太に足がかりを刻んだだけの細い梯子をあがって屋上階にでると、小屋掛けした場所に干し草が積まれている。いかつい外観とは裏腹に、家屋のなかは薄暗くはあるが、ふんだんに木材が使われ、梁《はり》や柱には幾何学模様の彫刻がほどこされ、たずねた者を暖かく包み込んでくれるのである。

「いまこの家にいるのは孫娘だけだから、なにもおかまいできなくてね」と

囲炉裏

茶筒（スラ）と急須（ジュー）

すまなさそうに話しながら、お婆さんは部屋の片隅におかれた幾年も使い込んだ木筒を手にすると、棚からレンガのようにかためられた茶葉を取り出し、手で掻き削り入れ、囲炉裏の三脚の上で静かにたぎっていた煤《すす》で黒くなった銅製の薬缶《やかん》から湯をそそいだ。攪拌《かくはん》の棒を筒にいれて、皿に盛られたバターから一掴み、さらに塩をふた匙ほど落とし込む。馴れた手つきで棒を握ると、ジョグジョグと小気味の良い音を立てながら、茶葉が湯になじむまではゆるやかに、茶葉が開き加減になってからは勢いをつけて、攪拌しはじめた。

茶とバターと塩とがほどよくまじり合ったとき、湯気の立ちのぼる木筒をかたむけて、茶漉しを載せた口の開いた急須に茶をそそぐ。そのあとに私たち一人ひとりの器に、急須から茶をつぎ分ける。雲南のチベット語ではヅァ、中国語では酥油茶《スーヨウチャ》（バター茶）と呼ばれるバター茶であった。

現地の言葉では、茶を攪拌する筒はスラ、急須はジューと呼ばれる。スラを使って茶をいれるのは、人数が多いときや大切な客人をもてなすときだけで、日々の生活ではジューに湯をそそぎ、囲炉裏に差し込んで沸騰させたあと、茶葉とバターと塩をいれて茶筅《ちゃせん》のようなもので攪拌するのだという。

バター茶は塩からいミルクティーのような味わいで、慣れていないと、塩のかわりに砂糖だったらおいしいのに、と感じるものであるが、三度、四度と飲んでくると、これも悪くないとなってくる。家畜を追い、山野で薬草をとる生活には、茶葉のビタミンやバターのカロリー、そして汗で失われる塩分の補給に、このお茶は欠かせないものなのであろう。「遠方からきた方々なのに、この茶が好きかね」と、おいしそうに茶を飲む私たちをながめるお婆さんの目は、うれしそうに笑っていた。

茶を飲みながら考えた。バターは自家製だが、茶葉と塩は雲南西北部では産しない。湯をわかしている銅の薬缶も、よそからもたらされたものであろう。バター・茶葉・塩、そして水を蓄えていた銅缶は、それぞれどのようにつくられ、どのようなルートをたどって、いまこの一杯のバター茶の香りをかもしだしているのだろうか。この疑問に答えるために、私たちは生態環境と人との関わりを見つめ、壮大な交易の足取りをたずねる必要がある。

一杯のバター茶をすすりながら、私の脳裏には東ユーラシア▲生態環境史▲の大枠が、しだいに姿をあらわしはじめたのである。

▼**東ユーラシア**　十四世紀以降のアジア史を研究するなかでかたちづくられた地理的な範囲。従来の地域区分による北東アジア・東アジア・モンゴル・東南アジアならびにインドの東北部を含む。七〇、七一頁参照。

▼**生態環境史**　ecological history の訳語。環境史environmental historyが人間と自然の領域を区別して相互関係を調べる歴史学であるのにたいし、生態環境史は、人間と自然とを貫通して流れる物質とエネルギーの流れに着目し、全体を一つのシステムとしてみる。八五〜八八頁参照。

●——本書に関係する雲南の地名

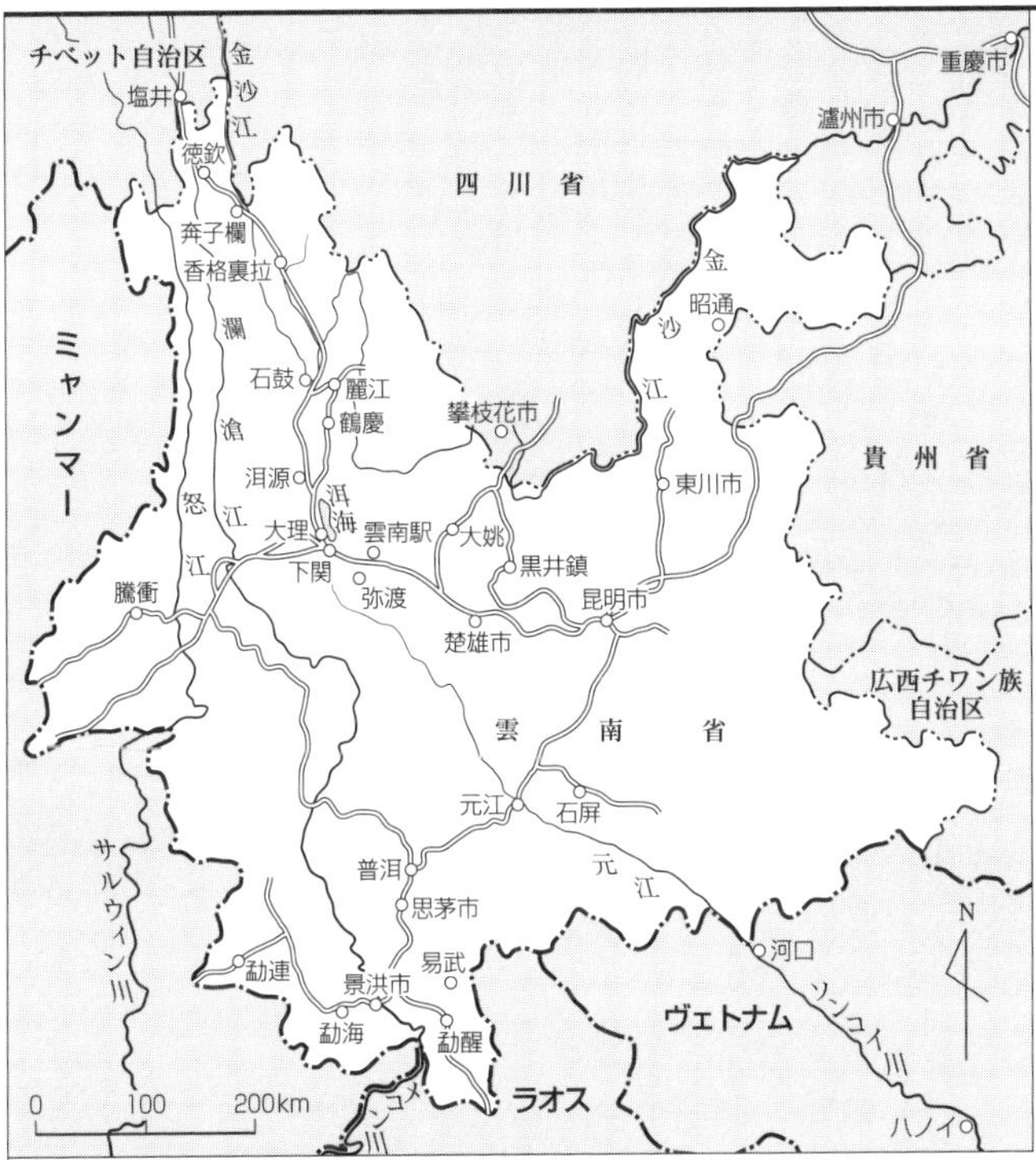

●——松賛林寺　雲南省最大のチベット仏教寺院。ゲルク派の拠点の一つ。

●——弘聖寺塔　大理国(九三八～一二五三年)の時代に建てられた高さ四三・八七メートルの仏塔。

●——シプソンパンナー　勐海県の上座部仏教の仏塔。

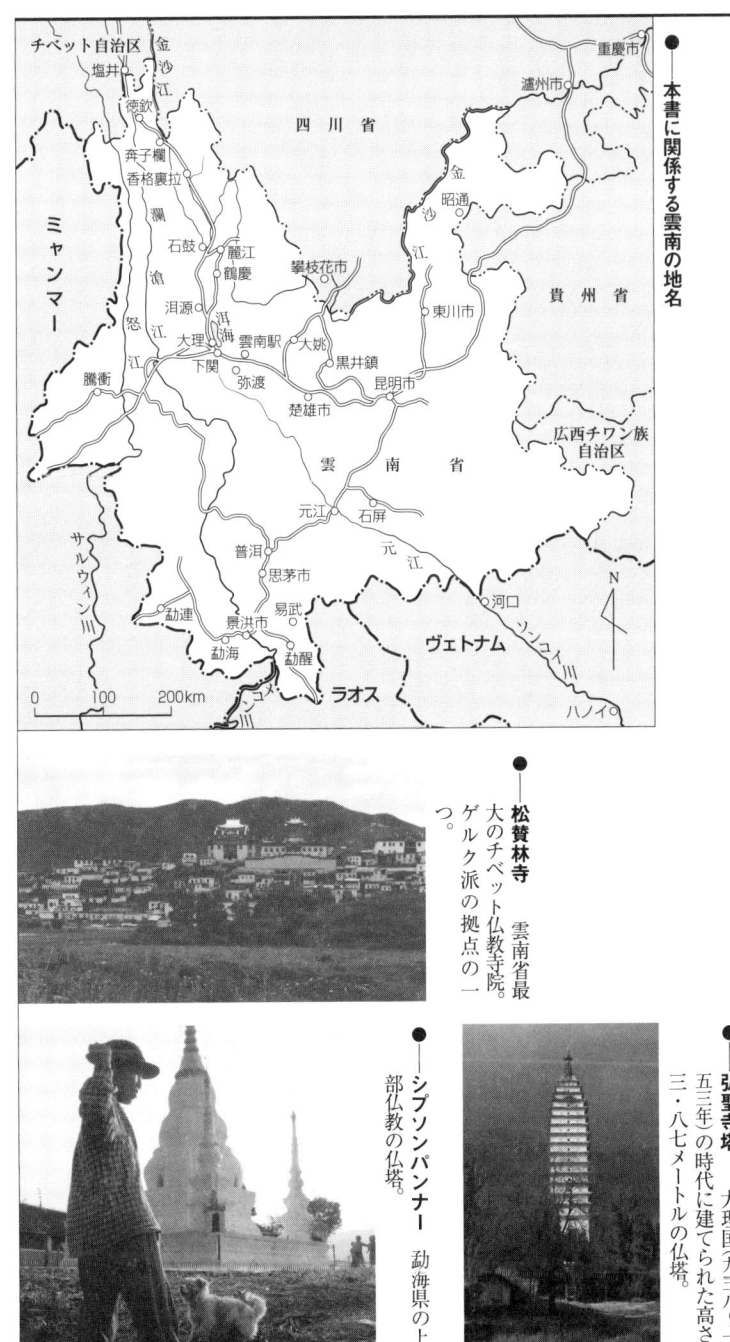

①—茶をめぐる生態環境史

茶樹王をたずねて

チベット人が好んで飲む茶は、日本のものと比べ渋く苦い。その産地は主に雲南の西南部。ここで茶葉の原料となるチャノキには、四つの種類がある。その一つは日本のチャノキと共通し、学名▲は*Camellia sinensis*という。このラテン語を直訳すると「シナ(中国)のカメリア(ツバキ)」となる。もう一つは中国名を大理茶《ダーリーチャ》という*Camellia taliensis*である。そのほかに厚軸茶《ホウチョウチャ》(*Camellia crassicolumna*)、大廠茶《ダーチャンチャ》(*Camellia tachangensis*)がある。これらのチャノキはいずれも照葉樹▲で、インドのアッサムから雲南にいたる湿潤温暖な気候に広がる常緑広葉樹林に自生する。

雲南には樹齢千年を超えるチャノキの古木を、いまも山中に見ることができる。尊敬の念を込めて、現地の人は茶樹王と呼ぶ。一七〇〇の齢《よわい》をかさねた茶樹王を、私たちは雲南西南の山中にたずねた。この木は大理茶であった。

その茶樹王が生きる森は、現在の地名で表記すれば、雲南省西双版納《シーサンパンナ》傣《タイ》族自

▼**学名**　生物につけられた国際的に統一された名称。スウェーデンのリンネが十八世紀に確立した命名法にもとづき、属名+種名というかたちで、ラテン語を用いて記される。生態環境史研究の第一歩は、史料にでてくる生物名を学名に比定するところから始まる。

▼**照葉樹**　夏に雨が多い亜熱帯・温暖帯に自生する常緑紅葉樹。過度に水分が蒸散しないように葉の表面がクチクラ(角皮層)におおわれ、テカテカと光を反射するために「照葉」という。

治州勐海《モンハイ》県巴達《パーダー》郷にある。この州の人口の約三分の一は、タイ族▲が占め、平野の水田地帯に定住している。州の名はタイ族の発音に近いカタカナ表記では、シプソンパンナー▲。また、この地域では勐海のように、「勐」という文字を冠する地名が多い。これは盆地を単位とする政治的な単位を示すタイ語で、日本で「おくにはどちらですか」「おくに言葉」のような出身地を問うときに用いる「くに」という言葉にニュアンスが近い。タイ族の語順では、形容する語が形容される語よりもあとにくるので、勐海は「ハイのくに」という意味になる。

私たちが乗った車は、水田が続く平坦な道を進み、タイ族の村の脇を通りぬけて山道にはいる。土の道となり揺れも激しく、土埃が締め切った窓の隙間から車内に吹き込む。急途を登り切るとハニ族▲(現地ではアニ族と自称している)の山村が点在する。かつて焼畑をおこなっていた山地民族の世界である。

村人に道をたずねて、山の奥に分けいる。道の両脇には天然二次林の照葉樹林が鬱蒼《うっそう》と繁る。村に近い斜面には茶畑。チャノキが低くて若いのは、焼畑などを最近になって茶畑にきりかえたためであろうか。二時間ほど車にゆられて、茶樹王の森の入り口に到着。ハニ族の若い娘に案内をしてもらい、ジープに乗

▼タイ族　中国語では「傣」と表記され、中国雲南省西南部、ミャンマー・ラオス・タイ王国北部などに住む。盆地底部の河岸に住む水稲耕作民で、伝統的に高床式住居に住み、上座部仏教を信仰する。人口は四〇〇万人あまり。

▼シプソンパンナー　明代にこの地域をおさめた土司(一〇頁参照)の行政区分に由来する地名。「シプソン」は一二の意味、「パン」は千、「ナー」は土地の広さをあらわす言葉。

▼ハニ族　中国語では「哈尼」と表記され、おもに雲南省南部に住む。山の中腹に耕地を拓き、傾斜地に村を建てることが多い。紅河流域ではみごとな棚田を造成している。人口は一五〇万人ほど。

ハニ族の女性

シプソンパンナーの定期市

り換えて山にはいる。車の天井に幾度も頭をぶつけながら進み、さらに徒歩で薄暗い原生林を進む。

山の斜面、大きな巨木に守られるようにして、チャノキの古樹の姿があらわれた(本書表紙の写真)。かつてはもっと背が高かったが、近年に枝が折れた。いくつもに分かれた枝は、地衣類を巻きつけている。最近、保護のため鉄条網でかこった。村の娘によれば、いまはこのチャノキの葉をつむことは禁止されているが、かつては村で毎年一定の量を取り決めて葉を摘み茶として飲んでいた、葉は茶畑で栽培したものよりも大きく、味は渋くそして強かったという。村にはいまもハニ族固有の茶葉の加工方法が伝承されている。

雲南に自生するチャノキは、日本で一般に栽培しているものと比べて葉が大きく、その葉で入れた茶は苦い。この特性を生かして、山に住む先住民族が独特の茶の加工方法を工夫した。大きな葉を原料とし、乾燥させたあと蒸し、適度な湿度を保たせながら袋にいれて揉むのである。全体がほどよくやわらかくなると、型にいれて圧縮し整形する。整形された茶葉が保存されているうちに、茶葉に含まれる微生物(黒麹《くろこうじ》や乳酸菌・酵母など)が増殖し、静かにゆっくりと発酵を進め、茶葉の風味をますのである。

遊牧民との交易用に発達した普洱茶

シプソンパンナーにおいて交易で茶葉が取引されていたことが史料で確認できるのは、元代に編纂された『雲南志略』▲の記載を待たなければならない。

金歯百夷（雲南西南部に居住する諸民族）は、記録するのに文字がなく、木に刻みをいれて約束する。……交易は五日ごとに一回、朝は婦人が市をなし、日中は男子が市をなす。毛氈《もうせん》や布、茶や塩をもってたがいに取引する。

元代の史料にあらわれた茶葉の交易は、明代になって本格化する。元朝の宮廷が明朝の北伐軍に追われてモンゴル高原に逃げたあと、フビライ▲の血統を引く梁王《りょうおう》バサラワルミ▲は雲南に残り、チベットと四川のルートを通じて連絡を取り合っていた。中国の中核部をほぼ支配下におさめた朱元璋《しゅげんしょう》は、▲一三八一年に雲南攻略の軍を送り込み、バサラワルミは敗れた。明の通史では、雲南が中国の版図に含まれることを当然のこととしているために、この軍事活動を明朝の仕上げと位置づけ、付足しのように言及されるにすぎない。しかし、

▼『雲南志略』 元代に雲南で行政にたずさわった李京が編纂したもので、一三〇三〜〇四年ころに執筆されたものと推定される。もっとも古い雲南の地方志の一つ。方国瑜主編『雲南史料叢刊』第三巻（雲南大学出版社、一九九八年）に所収。

▼フビライ（一二一五〜九四） チンギス＝ハーンの孫でモンゴル帝国第五代ハーン（在位一二六〇〜九四）、元朝の世祖。兄モンケのもとで雲南を攻略し、即位後に現在の北京の地の大都に遷都し、南宋を滅ぼした。日本・ヴェトナム・ジャワへの遠征には失敗する。

▼梁王バサラワルミ（?〜一三八二） フビライの曾孫。元末の混乱期に昆明を中心に政権を維持した。元朝が明軍に追われてモンゴル高原にもどったあと、四川・チベット東部のルートをとおして連携を保つ。一三八一年に明の雲南遠征軍に破れ、自殺する。

▼朱元璋（一三二八〜九八） 貧農の家に生まれ、元末の社会混乱のなか農民反乱軍で頭角を顕わし、明朝

東ユーラシアの歴史のなかで、雲南攻略がもつ意味は大きい。これを機に、軍隊とともに入植した漢族移民によって、雲南の中国化が始まったのである。

　元朝が経済政策の失敗のために崩壊したことを反省し、明朝は民間の経済活動を抑制した。茶葉を遠隔地交易の物産とするには、かさばらないようにかたくかためるほうが有利である。明朝は一三九一年には、宮廷に貢納する茶について、「かためた茶の製造をやめるように」と命令を出し、交易用の茶葉の生産を抑制しようとした。ところが雲南は、中国の朝廷が直接に統治しなかった。明朝は少数民族が多い地域について、在地の支配者層を土司《どし》▲と呼ばれる役職に任命し、間接的に統治したため、茶葉の統制がおよばなかったのである。

　中国の他の地域では茶葉の生産が衰退したのにたいし、雲南では酵母で発酵させてかためた茶葉がさかんに生産されていた。のちに普洱茶《プーアルチャ》と呼ばれる茶葉である。その名が史料に最初にあらわれるのは、十七世紀前半、明代後期に著された『滇略《てんりゃく》』▲であるとされる。雲南各地の物産をあげた「産略」という項目のなかで、つぎのように述べる。

　雲南は銘茶がないと嘆かれるが、その地で生産しないというわけではない。

の初代皇帝(在位一三六八～九八)に登りつめる。南京に都をおき、元朝の勢力をモンゴル高原に退ける。

▼土司　中国西部・西南部・チベットにおかれた官職の総称で、先住民の首領をそのまま任命し、世襲を認めたもの。制度としては元代に始まり、明・清時代をへて中華民国期まで続く。地方の治安維持、数年に一度の朝貢などの義務があった。

▼『滇略』　明末の謝肇淛が編纂した、雲南にかんする全書で、一六一九～二一年に雲南に赴任していた著者の見聞にもとづく記載もある。完成したのは一六二五年以降だと推定される。地理・物産・風俗の記録が豊富。『雲南史料叢刊』第六巻に所収。

……地元の庶民が用いるものは、みな普茶であり、蒸してからかためる。
青臭いが水を飲むよりはましである。

ここにみられる「普茶」が普洱茶である。著者の謝肇淛《しゃちょうせつ》▲は中国中核部の茶どころとして知られる福建省の出身であるためか、その雲南の茶葉にたいする評価はかんばしくはない。

十七世紀半ばに編纂された『物理小識《ぶつりしょうしき》』▲は、普洱茶は蒸してからかためると述べたあと、「西蕃がこれを取引する」とある。ここにみえる西蕃は、おもにチベット族を指す。普洱茶は、苦さのために消化液の分泌を促す。肉を食する機会の多い遊牧民族の好みにこたえて、雲南の茶葉は発達した。漢族が慣れないのも無理はないのかもしれない。

普洱茶の評価が激変するのが、清代である。清朝の皇帝は、満洲族▲最大の首領であるとともに、モンゴル族のハーン、チベット仏教最大の保護者そして漢族の皇帝という四つの顔をもつ四面体である。その宮廷にはモンゴル族の妃も多く、またチベット僧をもてなす機会も多かった。そのために遊牧民のなかに定着していた普洱茶にたいする需要が高かったものと考えられる。宮廷に最高

▼謝肇淛（一五六七～一六二四）　福建省長楽県に生まれる。幼いころから明敏で、科挙では進士に及第し、官僚となる。雲南には雲南左参政として赴任。明代の百科全書と称される『五雑組』を記述し、その博学ぶりを示している。

▼『物理小識』　清初の方以智が編纂した科学技術書。一六五〇年以降に成る。ヨーロッパの宣教師がもたらした知見も含まれている。

▼満洲族　中国東北地方を故地とする民族ジュシェン（女真・女直）を、清朝の前身・後金を建てたヌルハチのときに、マンジュと改称、漢字で「満洲」とした。彼らが信仰していた文殊菩薩に由来するとされる。

級の普洱茶を献上することが定められ、製茶技術は飛躍的に向上した。これが現在の普洱茶ブームの条件を整えた。

茶馬古道の歴史

チベット族のあいだで喫茶の習慣が定着した時期は、史料がないために確定することは難しい。定説としては、吐蕃《とばん》▲が唐朝と交流するなかで、八世紀ころチベット人は茶を薬としてではなく、生活に欠かせない飲料としたしなむようになったとされている。

宋代になると、中国からチベット高原に茶葉が安定供給されるようになる。当時、宋朝は北方民族に圧迫されていたために、西北の草原で産する軍馬を手にいれることが困難になっていた。そこで、チベット族から供給することを考えたのである。馬を手にいれるために、四川からレンガのように四角くかためられた磚茶《せんちゃ》が、交易品としてチベット高原にあがった。宋代の茶馬交易のルートは、二つあった。一つは四川盆地から西南にあがって雅州《ヤーチョウ》(雅安《ヤーアン》)を経由するもの、他の一つは雲南の昆明《クンミン》を経由して北上し、現在の麗江《リージャン》西北の鉄橋城《ティエチャオチョン》

▼**吐蕃**　七世紀初めから九世紀半ばにかけて、ラサを中心にチベット高原に成立した王国。ソンツェン＝ガンポが高原を統一、唐にも侵攻した。八世紀半ばに仏教を国教とし、九世紀に唐朝と会盟を交わした。

●──**茶馬古道**　雲南からチベット高原へと続く道。

●──**普洱茶**　円盤状にかためられた茶葉。

●──**七子茶**　普洱茶を七枚かさね竹の皮で包んだもの。これを竹籠にいれて運んだ。

●──**雲南駅の馬幇宿**　茶馬古道の宿場町の雲南駅では、かつて茶葉を運んだ隊商の宿が残る。一階には馬が、二階には商人が泊まる。

▼ナシ族　「納西」と表記。雲南省西北部の麗江を中心にする民族。人口は二七万人ほど。チベットと漢族のそれぞれから文化を吸収し、チベット古来のポン教の影響を受けたトンパ教を信仰していた。独特のトンパ文字をもつことで知られている。

ナシ族の女性

(塔城《ターチョン》)あたりで金沙江《チンサージャン》を渡るものである。

元代と明代にチベットへの茶葉供給ルートは、変化する。フビライ軍の右翼が金沙江を渡河すると、麗江を中心に勢力を拡大しつつあったナシ族▲の首領は、いち早くモンゴルに恭順の姿勢を示した。麗江は金沙江渡河地点を見おろす高原に位置し、軍事的な要衝である。モンゴル帝国が雲南に勢力を伸張するうえで、ナシ族首領を取り込む必要があり、土司に任命してその領域的な支配を認めるとともに、勢力拡大をあと押しした。

ナシ族の土司の一族は、時機をみるのに敏であったのであろう。明朝の軍が雲南にはいったときに、今度は明朝に忠誠を誓い、その一族は引き続き土司である麗江土知府《どちふ》に任命され、皇帝の朱元璋から直接に「木《ぼく》」という姓を賜る。一説には、「朱」の字に「木」が含まれるところから、この姓が選ばれたともいわれる。その伝説からも、雲南支配のために麗江を掌握することが明朝にとっていかに重要であったかをうかがい知ることができる。

明朝の後ろ盾をえて、ナシ族の木氏はチベット高原へと勢力を拡大するとともに、雲南の西南部で生産された茶葉をチベット高原に供給するルートを開拓し、そこからあがる利益をえた。そのルートは麗江から金沙江にくだり、塔城から宿場町として知られる奔子欄《ペンツラン》をへて、標高四千数百メートルの峠をこえて徳欽《ドゥチン》にはいり、そののちに瀾滄江《ランツァンジャン》を北上してチベットにはいるものである。木氏はルートの要所に防塁を築き、山賊などを取り締まった。

　この北上ルートに接合するように、シプソンパンナーなどで生産された雲南の茶葉が運ばれるルートが発達した。シプソンパンナーの茶葉集散地を起点に北上し、雲南を東西と南北に縦断するルートの交差点に位置する雲南駅を通過、大理の交易地である下関《シアグアン》にいたる。そこもまた茶葉の集散地であり、磚茶が加工されていた。下関から先は、道は山の多い土地にはいる。標高をあげて麗江にいたるのである。この雲南西南部からチベットにいたるルートは、茶馬古道と呼ばれている。

　十四世紀から十八世紀初めまで、元・明・清の三代にわたり茶馬古道を掌握したナシ族の首領は、支配下の住民から用役として物資運搬の馬と労働力を取り立てていた。その体制が大きく変わるのは、清朝の一七二三(雍正元)年に、土司制を廃止する改土帰流《かいどきりゅう》▲と呼ばれる政策が麗江で施行されたときである。

麗江木氏の土知府(復原)と古い街並み

▼改土帰流　土司を廃止して、中央政府から派遣された官僚に支配させること。官僚は世襲ではなく任期ごとに流れてくるので、流官と呼ばれた。雲南では漢族の流入とともに、内地と同様の行政が必要となり、十八世紀半ばに大規模な改土帰流がおこなわれた。

易武　かつての茶荘。

木氏は特権を失い、交易は民間の商人が担うようになる。「蔵客《ツアンクー》」と呼ばれる商人が「馬幇《マーバン》」と呼ばれるキャラバンを編成し、上りには主に茶葉を、下りにはチベット高原で産する薬材を積んで、深い渓谷の道を行き来した。数百頭の馬に荷駄を積み、宿のない山中では荷駄を馬の背からおろして、鞍の下で風雨をしのぎながら、キャラバンは進んだ。

茶馬古道の起点の町で

茶馬古道ゆかりの土地をたずねて、私たちは易武《イーウー》という町をめざした。シプソンパンナーの山地でチャノキの高木からつまれた茶葉は、まずここに集められ、加工されたあと各地に送り出されたのである。

チャーターした車は一路、瀾滄江の支流にそって東に進み、勐醒《モンシン》という小さな町から山にはいった。その道が悪路。しだいに標高をあげるに従って照葉樹林、竹林や茶畑が目につくようになる。三時間近くかけてようやく易武に到着すると、まず張毅《ちょうき》氏をたずねた。張氏はいったんとぎれた普洱茶の伝統を復活した方で、茶の歴史にも詳しい。

もの静かに語る張氏によれば、易武が歴史に名を刻むのは、一七三二(雍正十)年にこの地で産した普洱茶を清朝の皇室に貢納するようになってから。縁起がよいとのことで毎年六六六六斤の茶を北京に運んだ。皇室用の最高級品のほかにも、国家儀礼や外交を担当する礼部▲に届けた上納用の茶もある。高級な普洱茶は直径二五センチほどの円盤状にかためられ、一枚ずつ丁寧に紙に包んで七枚重ねにして竹の皮で梱包、さらに竹の籠にいれて輸送された。七子茶《しちこちゃ》という名称も生まれた。易武から北京をめざすルートのほかに、チベットをめざす茶葉もあった。

茶業にかんする清代の石碑が、丘の上の小学校に残っているというので、張氏に案内を乞う。家の前の石畳は、かつて茶馬がゆきかったところ。すり減った石が歴史を感じさせる。丘を登る道には、石組の階段が続き、その両脇にはかつて茶を商う茶荘が並んでいた。小学校の敷地にも、大火で焼けてしまったが乾利真《りんりしん》という茶荘があり、宋聘号《そうへいごう》の屋号で茶をあつかっていた。その奥にも慶春号《けいしゅんごう》・守興昌《しゅこうしょう》・同興号《どうこうごう》・福元昌《ふくげんしょう》などの茶荘が並んでいたという。いまも残る古い家屋の門構えに、かつての繁栄を偲ぶことができる。

▼礼部　中国の官制である六部の一つ。この役職は古代からあったが、礼部の名称は隋代から。国家の儀礼・祭祀などを管轄し、外国の朝貢使節の応対なども、この部局が担当した。

茶商人の会館　雲南南部の石屏出身の商人が建てた。

有力な雲南商人集団が建てた石屛《せきへい》会館▲の関帝廟跡に、道光十八(一八三八)年の年号を刻んだ石碑はあった。一七八九(乾隆五十四)年から代々この地で茶葉の生産と交易を担っていた石屛出身の商人たちが、役人と結託した地回りの不当な搾取を禁止させるために建てたものである。清代における茶商の結束の堅さを、碑文から読み取ることができた。

一八八五年に清仏戦争▲で中国が敗れ、ラオスがフランス領となり、国境に近い易武は交通路として安全に通行ができなくなり、茶の交易は易武を通過しなくなった。解放後は糧食の生産が国策となったために茶の生産はふるわず、加工技術も伝承されなくなった。一九六三年以降、その交易路は廃れ、見る影もなくなる。茶業の復活は一九九三年に茶の自由販売が許可されてから。張氏は古老をたずねて加工技術の復活をめざす。復活にいたる道のりは苦労が多いものであったと、当時を思い起こすように話していた。

易武の町の近くに比較的保存状況の良い古道が長さ約五キロにわたって残っているとのこと。幅三メートルほどで石が敷いてある。ここをたずねる人が、最近ふえたという。近年、中国は茶馬古道ブームである。ゆとりある社会層が

▼会館　同郷・同業などのグループが建てた建物。宋代に発生し、明代中期以降に全国レベルの商業活動の活発化とともに、多くの会館が建てられた。宿泊所、倉庫、取引所などがおかれメンバーの利便をはかった。

▼清仏戦争　ヴェトナムの保護国化をはかるフランスと、清朝との戦い。一八八四年にフランスが開戦、八五年に清朝は敗れ、天津条約を締結する。この条約で清朝はヴェトナムの宗主権を放棄した。一八八七年にはフランス領インドシナ連邦が形成される。

易武にいまも残る茶馬古道の石畳

形成されて、観光旅行が盛んになり、まだ数は少ないもののバイクのツーリングやバックパッカーたちが、茶馬古道をたずねるようになったからである。タイトルに「茶馬古道」を掲げる書籍が、書店の書架の一角を占めるほど出版され、二〇〇五年には『茶馬古道』という連続テレビドラマが放映されている。易武で茶馬古道を見るかと張氏はいってくれたが、日の暮れた悪路をたどる勇気がなく断念、別れを告げて来た道を引き返したことが、いま悔やまれる。

高原をくだった物産

元・明・清の三代にわたり一貫して、雲南の南部から茶馬古道をへて茶葉が、チベット高原に運びあげられていった。それでは、チベット高原からくだっていった物産は、なんだったのであろうか。こちらのほうは、時代によって変遷があった。

筆頭にあげられる物産は、茶馬古道の名の由来ともなった馬である。チベット高原やそれと連なる雲南の西北部では、盆地や山の鞍部に草原が広がる。そこで育った馬は、急峻な土地で走りまわるために足腰が強い。茶馬古道を行き来した馬幇（キャラバン）も、この強健な馬でなければ、高山と渓谷をいくつもこえる道をたどることもできなかった。

明朝は古くから馬の産地として知られたモンゴル高原を、安定的に支配することができなかった。明代に雲南の西北部とチベット高原は、中国にたいする重要な軍馬の供給源となったのである。麗江の土司であった木氏は、明朝に朝貢するときに多くの馬をともなって中国に向かった。しかし清代になると、優秀な軍馬を内モンゴルなどで確保できるようになり、馬の交易品としての比重は低下したものと考えられる。

チベット族の居住地域からくだった物産には、毛皮のほかに麝香《じゃこう》・鹿茸《ろくじ》▲・貝《ばい》母《ほ》▲・冬虫夏草《とうちゅうかそう》などの薬材が多かった。麝香は標高三〇〇〇メートル以上の高地で生息するジャコウジカ（林麝《リンシャ》 *Moschus berezowskii*, 馬麝《マーシャ》 *Moschus sifanicus*, 原麝《ユアンシャ》 *Moschus moschiferus* の三種）の雄からとられる。晩秋から初冬の交尾期になると、この小型のシカは香りの高い分泌物を陰嚢の近くの分泌腺にためる。この物質は、ヨーロッパでは香料として、中国では心臓の蘇生薬などとして珍重された。フランスで調合された香料には、欠かせない原料である。チベット高原から

冬虫夏草（薬商のポスター）

▼鹿茸　雄のシカ（梅花鹿〈*Cervus nippon*〉もしくは馬鹿〈マールー、*Cervus elaphus*〉）の生え始めの幼角を乾燥させたもので、漢方では滋養強壮の効果があるとされる。

▼貝母　ユリ科バイモ属のアミガサユリ（*Fritilaria thunbergii*）の球根。漢方では鎮咳・解熱・止血に効用があるとされる。

ヨーロッパにいたる交易路は、麝香ロード▲として近年、着目されている。
冬虫夏草はコウモリガの幼虫に寄生したキノコ(*Cordyceps sinensis*)である。名のように冬にはイモムシのかたちであったものが、夏になると菌糸を伸ばしてキノコが地上に生えてくる。チベット族の村落では、このキノコが山野にあらわれる時期となると、男たちは山にはいり、テントで寝起きする。どこに生えるかは、家ごとに秘伝となっている。

下りの荷が効率的に集められるプロセスには、チベット銀貨が深くかかわっていた。一七二〇年にダライ=ラマ▲の宗教的な権威をめぐる抗争の結果、清朝の軍がチベットに進駐▲するようになる。この軍隊を維持するために、軍事費として大量の銀錠《ぎんじょう》が、チベットに流入する。チベットは外部からインゴットのかたちでもたらされた銀を、そのままで用いることはしなかった。ネパールに送られ、そこで低品位のコイン銀貨がつくられたのである。

このチベットの通貨政策は、異国に造幣を委ねる点で、現代の管理通貨体制に慣れた私たちには奇異に感じられるかもしれない。ネパールは実際、チベットの銀貨をつくることで大きな利益をえた。それでもチベットがネパールでの

▼麝香ロード　チベット高原とヨーロッパとを結ぶ交易路で、青海省のゴルムドからタングラ山脈をこえてナッチュをへてラサにはいり、さらに西に路をとってシガツェをへて崑崙山脈をくだってシルクロードの都市カルギリクに接続する。七世紀には存在していた。

▼ダライ=ラマ　チベット仏教ゲルク派の高僧の尊称で、ツォンカパの弟子が代々転生した活仏とされる。第五代ダライ=ラマ(一六一七〜八二)のもとで、宰相サンゲギェギャムツォは世俗権力の抗争を利用して宗派の勢力の拡大をはかる。

▼清軍のチベット進駐　第六代ダライ=ラマの正統性をめぐり生じた混乱のなか、ジュンガルの勢力がチベットにおよぶことを牽制するため、清朝はチベット族にかつぎあげられた第七代ダライ=ラマを擁して、一七二〇年にチベットに遠征軍を派遣、保護下においた。

銀錠　雲南省楚雄、嘉慶年間のもの。

チベット銀貨　一七三〇年代にネパールで鋳造されたもの。

造幣にこだわった理由は、清朝の影響がおよばない土地で造幣することで、経済的に圧倒的な影響力をもつ中国から自立することをねらったものと考えられる。中国の商人は銀貨をチベットから持ち出し、鋳つぶして中国で流通する銀錠にすれば、銀貨の純度が低いために損をする。その結果、銀貨は持ち去られず、チベットの領域内で循環することになったのである。

チベット族が活動していた大理の交易地である下関《シアグアン》までは、わずかな銀貨が運ばれた。しかし、そこから先までは行かない。茶葉の対価としてチベット高原をくだったほとんどが、高原のさまざまな物産であったのである。銀貨がチベット領域をめぐることで薬材が広い範囲で円滑に集められ、十八世紀にも茶馬古道をめぐる交易が回転できたのである。

生態環境の差異にもとづく交易

チベット族の家で、バター茶が供される。生活にとけ込んだバター茶は、いまや生活に欠かせないものになっている。朝には木の器についだ茶を一口、二口と飲み、夜半に失われた水分を補ったあと、少しばかりぬるくなった茶のなかに、ハダカムギの粉（ツァンパ）を山盛りに加え、薬指を使って全体に茶水となじませたあと、ちょうど寿司米を握るように団子状にして口にほうり込む。昼にも夜にも、茶を飲む。このバター茶は、生態環境と切り離すことのできない飲料である。

バターはチベット高原の村々で飼っているヤク▲や、ヤクとウシとをかけ合わせた「犏牛《ピエンニウ》」▲からしぼった乳からつくる。ヤクは高原の過酷な生態環境に適応し、厚い毛で厳冬期を乗り切る。渓谷など標高が低いところでは、乳の出もよく、ヤクよりも力の強い犏牛が育てられる。チベット族はヤクや犏牛から乳をしぼり、人の腰あたりまでの高さのある筒にいれて、攪拌してバターをつくるのである。しかし、茶葉は高原でつくることはできない。チャノキがチベット高原の生態環境では育たないためである。

生態環境を分類する指標として、もっとも簡便なものが植生区分である。生態学で植物は、「生産者」とも呼ばれる。水、空気中の二酸化炭素、土壌中の無機物を用い、植物は太陽光線からエネルギーをえて、有機物を合成する。草食動物は植物をはんで生き、肉食動物はその草食動物をとらえて生きる。枯れ

▼ヤク　ウシ科の家畜で学名は *Bos grunniens*。チベット高原の標高三五〇〇メートル以上の草原や氷原で、運搬のほか毛皮・乳や肉をとるために飼育されている。体長三メートルほど、体重五〇〇キロと大きく、長い体毛でおおわれている。

▼犏牛　ヤクとウシとの一代雑種で、チベット語で「ゾ」と呼ばれる。チベット高原とその周辺部で広くみられる。雲南では標高二〇〇〇〜三五〇〇メートルの地域で広くみられ、それより高いところではヤク、それ以下の土地ではウシがおもに用いられる。

雲南最高峰のカワクボ山

た植物や動物の排泄物や遺体は、昆虫や微生物が生きる糧となり、最後は無機物に分解される。その無機物はふたたび植物に、肥料として取り込まれるのである。こうした無数の生物の組合せが、ひとまとまりの生態環境をかたちづくっているのである。そのために植物に着目すると、動物などの分布もわかる。

どのような植物がどこに分布するのか、それを決めている要素は、日照や気温、降水量や土壌である。しかし、日照が良いところは、気温も高いという関係にあり、土壌は植物自身が長い時間をかけてつくりあげていく。そのために、大局的に植生区分を把握するためには、まず気温と降水量の条件に着目する。

雲南は地形的にみると、世界の屋根ヒマラヤ山脈の東に位置し、チベット高原の東に広がる傾斜地となっている。その最高地点はカワクボ山で、標高は六七四〇メートル、最低地点はヴェトナム国境線に接する河口で、標高は一八〇メートルである。この標高差は、気温の地域差となってあらわれる。

降水量の面から雲南をみると、雲南は哀牢《アイラオ》山脈を境界として東部と西部とで区分される。西部は南アジアや東南アジアと同じような気候体制にはいり、雨季と乾季とがはっきりと分かれる。冬には熱帯の気団が大地をおおう。これに

●——雲南を中心とした植物区分図

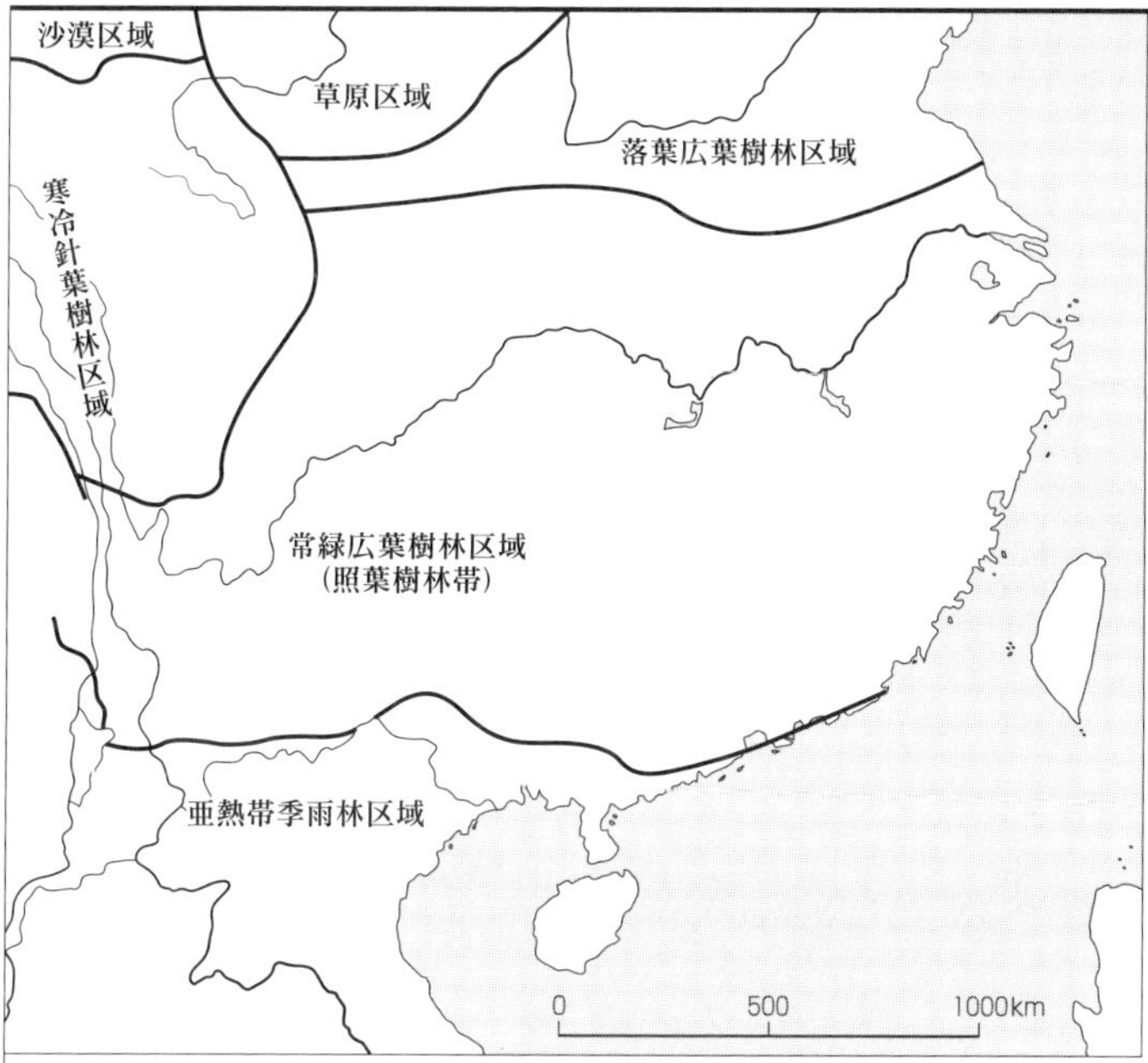

●——チベット高原の寒冷草原のヤク

●——寒冷針葉樹林

●——亜熱帯季雨林の絞め殺しの木
イチジクの仲間のツル性植物には、高木にからみついて枯死させるものがある。

針葉樹に付着したコケ

たいして、東部の気候は中国の華南と似て四季に応じた降水量の変化をみることができる。

気候の違いに応じて、雲南には多様な植生が展開する。雲南の植生は標高の高いところから、寒冷針葉樹林区域・常緑広葉樹林区域・亜熱帯季雨林区域に区分される。

チャノキは常緑広葉樹林帯の植物、そしてジャコウジカの餌となるマツの実やコケ類は、高地の灌木草地帯や針葉樹林帯の植物である。チャノキからは茶葉、ジャコウジカからは麝香がとられ、それぞれの生態環境でしかとれない物産を補い合うために、遠隔地を結ぶ壮大な交易が生まれたのである。茶馬古道は、そうした生態環境の差異にもとづく交易の道であったのである。

黒井鎮の全景

②—塩をめぐる生態環境史

塩井をたずねて

制度が変わったことで、町があたかも瞬間冷凍されたように、繁栄の痕跡だけを残してさびれてしまうことがある。こうした町は、近代以降の変化の波から遠ざかっているために、風情ある町並みを保存していることが多い。最近になって観光客を集めはじめた雲南中部の黒井鎮《ヘイジンチェン》もまた、そうした町の一つである。かつてこの地は、雲南最大の製塩場であった。

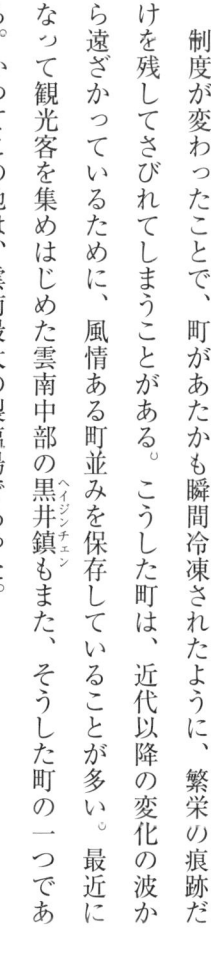

昆明《クンミン》から四川省最南端の攀枝花《パンジーホア》に向かう列車は、昆明を出発して西に進んだあと、大理《ダーリー》へと向かう本線から離れ、渓谷にそって北に進む。谷あいの「黒井」という小さな駅でおり、さあそこから数キロも離れた町まで歩くのか、と覚悟を決めて駅をでると、馬車が客を待って並んでいた。私たち家族を乗せた馬車は十数分で、黒井鎮の入り口に到着する。金沙江《チンサージャン》の支流に架かる一本の橋をはさんで、町は東岸から西岸へと細長く連なっている。

いまは廃坑になった塩井《えんせい》が、町の周囲に点在している。清代には八二カ所あ

黒牛井の入り口

り、それぞれ黒牛井《ヘイニウジン》・竜泉井《ロンチュアンジン》などと呼ばれていた。町に近い黒牛井をたずねると、人が腰をかがめてようやく歩けるような坑道が、山地の奥深くに向かって穿たれている。伝承では地元の牧童が、失踪したウシの跡をたどって山に分けいったところ、塩水の湧きでる場所を発見したのだという。動物は塩を欲し、塩分を含む土を探し出す。おそらくこのウシも、その嗅覚で塩井の場所を嗅ぎあてたのであろう。

井戸の口の前には、汲み出した塩水を一時的に蓄える深い池がある。いまは雨水をためて、緑色に濁っていた。この井戸からとれる塩は、純白の最上級品とされ、元代から大量に汲み上げられるようになった。清代になると井戸の奥行は、五〇メートルに達した。

町のはずれに製塩場が復元され、いまは見ることのできない繁栄期の製塩のようすをパネルなどで説明している。製塩の作業は、すべて人力による。竹の筒を用いた長さ三メートルほどの水鉄砲のような「竹竜《チュロン》」と呼ばれる道具を、井戸の下から順次何段かに設置して塩水を吸い上げたり、巻上げ機で吊り上げたりして地表に汲み上げる。巻上げ機には、四人の男が取り組み、一度に約五

黒井鎮の街路　かつてここを塩水を背負った労働者が通った。

○リットルの塩水を汲み上げた。うっかりと力を抜くと、轆轤《ろくろ》はうなりをあげて旋回し、作業していた人をなぎ倒す。つらく危険な作業であった。

井戸の前の溜め池から製塩の作業場まで、「鹵夫《ルーフ》」と呼ばれる男たちが塩水を運搬した。背負った木製の筒には、塩水がこぼれ落ちないように竹で編んだ蓋をかぶせた。運搬は朝まだ空が暗いうちから始まり、午前いっぱいおこなわれる。一回運ぶと竹の札が手渡される。昼になると仕事は終わり、この札の数に応じて賃金が支払われる。村人の回想によると、朝から日が高くなるまでのあいだ、塩井から製塩までの石畳の道は、鹵夫が川の流れのように引きも切らなかったという。つらい仕事ではあるが、出来高制の賃金が良く、地元の男たちが独占していた。

製塩場に隣接した傾斜地には、棚田のような塩水を天日干しにする皿池《さらいけ》が並ぶ。濃度が高くなった塩水は、レンガづくりの竈《かまど》の上に三列に並ぶ鍋にそそがれ、一昼夜、七～八時間ほどを費やして、じっくりと煮詰められた。できあがった塩は極めてかたく、直径八○センチほどの中華鍋を伏せたようなかたちをしている。重さは八○キロほど。これを鋸で二等分ないし四等分に切り分ける。塩がおがくずのように、こぼれ落ちる。かつてはこのこぼれ落ちた塩が、監督に当たる役人の取り分とされ、その懐を潤したという。

黒井鎮の製塩業

黒井鎮で塩分を含む地下水がでることは、漢代にはすでに知られていたらしい。南詔《なんしょう》▲と呼ばれる政権が、八世紀前半から十世紀初めまで、現在の大理を中心にして雲南の大半の地域を勢力下においた。この南詔は黒井の塩を、王室専用としていたとされる。しかし、輸送経路が整っていないため、塩の生産量は多くはなかった。この地が製塩場として急成長をとげるのは、茶葉と同じく元代である。

元朝は雲南を支配下におさめると、完者兀《ワンチャウー》と漢字で表記されるモンゴル人を、黒井の塩を管理する威楚路塩使司提挙《いそろえんししていきょ》というポストに任命し、塩の増産と管理機構の整備をおこなわせた。労働者や商人が集まり、市街が形成され、町の南北を結ぶ五馬橋《ウーマーチァオ》も、その時期に架けられた。元代の十四世紀以降、製塩の制度もしだいに整っていく。

塩を煮つめる竈

▼南詔　七世紀半ばから九〇二年まで、雲南の大理を中心に成立した王国。唐朝と友好関係を結び、八世紀前半に雲南の広い範囲を統一した。中国文化の摂取に努め、東南アジアから上座部仏教、唐からは大乗仏教を受け入れている。

当初、漢族・ムスリム▲・イ族▲のあいだで、塩水を汲み出す権利をめぐって争いが絶えなかった。元代から明代にかけて塩場を管理したムスリムの馬守正《ばしゅせい》は、一〇日をサイクルとして、それぞれの民族が交替で三日ずつ汲み出すこととし、十の日は定期市の日と定め、対立を解消したと記されている。

元朝の財政は農業から取り立てる税に頼らずに、商業に基盤をおいた。とくに塩の専売からもたらされる財政収入は、中央政府の収入の八割を占めていたという。そのために製塩地の管理は、重要な国家事業であり、モンゴル帝国の経済を支えたムスリムが登用されることが多かった。人材は中央ユーラシアやモンゴル高原でスカウトされ、雲南にも多く投入された。現在も雲南には、このときに移住したムスリムの子孫が多く住んでいる。

元朝を継いだ明朝と清朝にとっても、塩は国家の財政を支える支柱であった。黒井鎮の井塩も国家の管理下におかれ、その販売からあがる税収入は、雲南の財政に欠かすことができない比重を占めた。明代には黒井の塩による財政収入は、雲南の全体の税収入の六七%、清代中期には五〇%を占めた。近代になってもその重要性はしばらくのあいだ持続され、清末から民国初期にかけては、

▼雲南のムスリム　雲南はモンゴル帝国に組み入れられてから、中央ユーラシアから多くのムスリムが移住し、行政・経済・商業などの領域で活躍した。明代に南シナ海・インド洋を航海した鄭和の祖先も、またこうしたムスリムであったと考えられる。

▼イ族　「彝」と表記される。中国西南部の山岳地帯に居住する民族で、人口は約六五〇万人。いくつかの系統に分かれる。かつては奴隷制があり、ピモと呼ばれる祭祀者が文化継承の核にいた。雲南では旧暦六月の「火把節」のときに、たいまつを中心に祭祀をおこなう。

イ族の女性

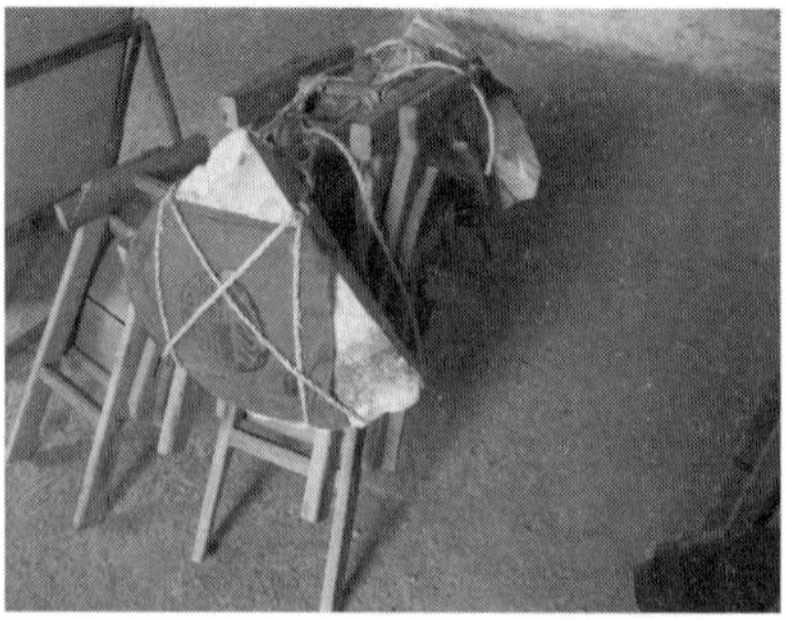
官塩

四六％を占めていた。
財政の根幹を支えた塩は、官憲の厳しい管理のもとにおかれた。汲み出した塩水の量、生産された塩の量などは官吏が記録し、鎮のなかにも塩の出入りをチェックする関所がおかれた。製塩業者は登録制で、塩を煮詰める鍋の数や生産量は決められていた。塩ができると製塩業者の名を書き込む。塩の品質などにもとづき、業者は等級に分けられていた。重さをはかったあとに、「官塩」という紅い印が押され、厳重に管理された倉庫におさめられた。
それぞれの製塩場で生産された塩は、どの地域に供給するのか、厳密に決められていた。商人は税をおさめて規定された区域で販売しなければならない。清代を例にとると、黒井鎮でつくられた塩は、昆明を中心に雲南の中南部から貴州省の西部、広西省の西北部に広がる広い範囲を販売区とした。黒井鎮からそれぞれの販売地に向かう沿道にも関所が各所に設けられ、塩が正規のものであるのか調べられた。
これほどまでに厳重に管理された製塩業ではあるが、専売制にはかならず密売が付き物でもある。屑のように落ちている塩を丹念に集めて、水にとかす。

塩業労働者が履いている草鞋《わらじ》には、塩水がしみ込んでいる。草鞋を水にひたせば塩水がとれる。そうした塩水を、直径三〇センチメートルほどの密売専用の鍋を用いて、密かに塩を焼く。こうして隠すのに適した「小鍋塩」と呼ばれる、塩の小型の固まりができあがる。この塩は夜半に山の抜け道をへたり、官吏に賄賂を届けて見逃してもらったりして、運び出されたのである。

塩業の繁栄のあと

塩が「甘い」というのは、奇妙であるかもしれない。しかし、地元の人はかつて黒井からとれた塩は甘かった、という。塩辛さは塩化ナトリウムによるものであるが、井戸から汲み上げられる塩水には、硫酸ナトリウムが多く含まれ、そのままでは苦い。黒井鎮では麻布のあいだに木炭をはさんで塩水を濾過し、さらに石膏を加えて、硫化ナトリウムを硫酸ナトリウムに化学変化させる。この処理の結果、黒井の塩は高濃度の塩化ナトリウムと微量の硫酸ナトリウムとが調和し、人の舌に辛さのなかに「甘い」という味覚を残す。

塩辛く、しかも甘い黒井の塩は、雲南では定評があった。中国には、全国的

大井竜祠　塩商が建てた舞台。

清朝皇帝から下賜された扁額

に有名な火腿《フォトエ》(ハム)の産地が二カ所ある。一つは浙江省の金華《チンホア》であるが、もう一カ所は雲南の宣威《シュエンウェイ》で、そこで加工されたハムは雲腿と呼ばれ珍重されている。清代の雍正年間に、その名声が確立した。じつはこのハムの旨味は、かつて黒井の井塩によって支えられていたのである。このように名高い塩の供給を担った黒井の製塩業者は、清代に繁栄を極める。

黒井鎮を見下ろす小高い土地に、この土地の豊かな財力によって建てられた大井竜祠《ダージンロンツー》がある。坂道を登り祠の小さな入り口をくぐりぬけて振り返ると、通路の上に舞台がしつらえてあったことがわかる。塩を産する井戸を守護する竜王に向かい合うように、舞台は建てられている。黒井鎮が塩業で栄えていた時期には、省都の昆明の劇場とひけをとらない設備を備え、雲南で一流の劇団がまねかれたのだという。

舞台と向き合う祠で梁《はり》を見上げると、「霊源《れいげん》普《ふ》沢《たく》」と黒地に金色で大書された扁額《へんがく》を見ることができる。目をこらしてみると「勅賜」の文字が記されており、雍正三年、すなわち一七二五年に清朝皇帝がこの扁額をじきに下賜したことがわかる。このことからみても、山間の小さな黒井鎮が、いかに清朝の財政に貢献していたかが明らかとなるであろう。脇にある一七八二(乾隆四十七)年の碑文には、各塩井はそれぞれ守護の竜神を祀る祠を建てているが、この大井竜祠はそれらの竜祠を統括する中心であるとあり、修築などの維持費を出すために田宅を寄付した塩業関係者の名が、末尾にずらりと刻んであった。

大井竜祠から街路にくだると、目につくのは石と土とでかためた頑丈な家屋である。いずれも時代の風格を感じさせる。なかでも清代後期の道光年間(一八二一～五〇年)に建てられた武《ぶ》氏の邸宅は、偉容を誇っている。三階建ての家屋は「王」字型に配列され、宴会も可能な広間から、小さな居室にいたるまで、あわせて九九間の部屋があるという。この邸宅を建てた武の一族は、雲南最大の消費都市であった昆明に黒井鎮の塩を運ぶことで財をなし、資産を背景にして一八五七(咸豊七)年には科挙《かきょ》▲で進士を出している。

昆明にも、黒井鎮繁栄の痕跡を見出すことができる。昆明市街地の東部に、拓東《トゥオトン》と呼ばれる区域がある。黒井鎮の塩は馬の背に揺られ、この区域に運び込まれた。拓東には、塩商人の店が並んでいた。その一角に、清代後期の一八八一(光緒七)年に建てられた塩隆祠がある。塩商人が資金を出し合って建てた

▼科挙　中国の官僚登用の試験制度。隋代の五九八年にそれまでの推薦による登用制度を廃止し、六〇六年に進士科を設けて詩賦と論文で採用したのが最初。元代に中断するものの一九〇五年まで続く。最終試験合格者が進士。

塩商の武氏の邸宅

黒井鎮の馬

もので、塩業の始祖とされる軒轅《けんえん》皇帝(黄帝)を祀る本堂を中心に、舞台などが並ぶ。いまも清代の木彫などが残っている。

拓東では、黒井の塩を使って醤油なども加工されていた。現在も昆明の地元の人は、醤油といえば「拓東醤油」という銘柄を愛用する。黒井の「甘い」塩で仕込まれた醤油は、いまもその風味を守ろうと努力しているようで、日本の溜まり醤油のようにこくがあり、たしかに味わいが深かった。

山林の劣化

清代の康熙年間に、黒井鎮にかんする情報を記載した『黒塩井志《こくえんせいし》』が編纂される。鎮をおそった災害を記録した「祥異《しょうい》」の項目をひもといてみると、洪水の記載がまったくなかったこの鎮が、一六九一(康熙三十)年に河川の増水のため大きな被害を受けたということがわかる。

この年の七月一日に降りはじめた豪雨は、翌日にも降りやまず、川の水が増水し、塩井を水没させ五馬橋を押し流した、十七日には地盤がゆるんでいたためであろう、関廟の裏山がくずれ、廟が壊れ、祀られていた神像が土石流に

黒井鎮「封山育林規定」 製塩のため荒廃した山地は、近年になって山林の育成がおこなわれるようになった。

乗って河川に押し出され、川の流れを塞いでしまったという。それ以後、しばしば水害・土砂崩れがあいつぎ、一七〇七(康熙四十六)年には、土砂流出を防ぐための堰堤《えんてい》が築かれることになる。この災害は、たんなる自然災害ではない。背景には、塩を焼くために大量の柴・薪が周囲の山地から切り出され、急峻な山々が樹林のない禿山になってしまったために、土石流が発生したのである。

最盛期にこの山間の狭い土地に、製塩業の従事者を中心にして三万人もの人びとが住み、年間に五〇〇〇トンほどの塩を焼いたとされる。一トンの塩を生産するには、三トンの木材が必要であり、住民が煮炊きなど消費する薪は年間に二〇〇キロほどは必要である。おおよそ年間二万トンの速度で、周囲の山地の樹木が姿を消した計算になる。湿潤温暖な土地ではあるが、この速度は樹木が再生するペースを、大きく上回っている。十八世紀後半から十九世紀にかけて、水害の頻度は多くなる。こうした被害の増加は黒井鎮に限られたものではなく、他の塩井でも同じ傾向をみることができる。

周囲の山地の樹林が切りつくされると、馬幇《マーパン》が塩を運び出すために引き連れてきた馬に、薪を積んで黒井鎮に向かうようになる。はじめは近くの地域から運んできたものが、そこもおおかた伐りつくされると、しだいに遠方から薪が運ばれてくるようになる。経済の原理で、木材資源の価格は上昇し、塩を生産するコストも上昇する。清代も半ば、乾隆期になるとこのプロセスは無視できないものとなり、朝廷でも議論される。弘暦《こうれき》▲が皇帝に即位からほどなくして出した上諭《じょうゆ》をみると、

　朕は雲南の塩の価格が高騰していると聞いた。百斤あたり二両四、五銭から、四両以上になることもあるという。辺境の百姓（人民）は困難に陥り、僻地の夷民（少数民族）は困窮している。（乾隆元〈一七三六〉年三月辛丑）

と、塩の価格上昇に心を痛めている。しかし、その後も、森林破壊による、塩価高騰の報告が皇帝に報告され、山地に植林したり薪を買いつける資金を発給したりしたが、抜本的な解決にはいたらない。数年後にふたたび弘暦が出した上諭には、

　聞くところによると、近年、童山▲（禿山）がしだいに多くなり、薪の価格は日ごとに高くなり、しかも塩水の濃度も低くなって、塩の生産が困難になり、発給された薪購入の補助費では、購入する薪炭に追いつかないという。

▼**弘暦**（一七一一〜九九）　治世の年号により乾隆帝として知られる清朝第六代皇帝（在位一七三五〜九五）。本名が愛新覚羅弘暦。その治世下で清朝は東トルキスタンを版図に加え、領土は最大となる。『四庫全書』の編集をおこなう。

▼**童山**　中国では伝統的に児童の頭を剃っていたので、禿山を「童山」と呼ぶ。

（乾隆四〈一七三九〉年八月戊戌）

として、黒井に課せられた塩生産のノルマを削減する決定がなされるのである。

塩の生産が、周辺の山林を破壊する。生態環境史の視点からみると、地下の塩水を掘り出して利用するのは、ヒトのみである。野生動物も地表にあらわれた塩をなめるが、ヒトのように大地を掘ることはしない。塩の産地は空間的に偏在するために、塩は遠隔地に運ばれる。これもまた、ヒトのみがおこなう行為である。ヒト以外の生物は、自分の身体で運べる以上のものは輸送しない。地下資源の利用は、生態環境の変容を引き起こしやすいのである。

渓谷の塩井

清末に塩の専売制がくずれ、塩が統制を離れて取引されるようになると、黒井鎮で生産された塩は馬の背に乗せられ、主に三つの方向に運ばれた。第一のルートは東の昆明をめざしていくもので、一部は雲南に隣接する貴州や広西に続く。第二のルートは川にそって北上して四川省へいたるもの、そして第三のルートが峠をこえて西に運ばれて大理にいたり、そこからさらに西に向かって

塩井の天日干し用のテラス

ミャンマーやインドに向かった。

史料で裏付けることはできていないが、私がバター茶を振る舞われた雲南西北部のチベット族の居住地域にも、黒井鎮の塩が大理から茶馬古道を経由して流入していたかもしれない。ただし、明清の両代をつうじて、この地方にもたらされた正規の塩は、四川省の井塩が主であったようである。清代の史料には、雲南のチベット族地域には四川産のほかに、「口外《こうがい》沙《さ》塩《えん》」と記された塩が割りあてられたとある。口外とはモンゴル高原のことである。チベット高原東部のルートをへて、はるか遠方からも塩がもたらされたということになろう。

チベット族居住地にも、塩の産地はある。雲南から瀾滄江《ランツァンジャン》を遡り、現在のチベット族自治区にはいったところに、塩井《イエンジン》という名の製塩場がある。先にチベット銀貨のところでも引用した『塩井郷土志』には、製塩のようすをつぎのように記す。

　塩田のようすは、現地の住民が瀾滄江の両岸にテラスを積み重ねるように架け、まるで内地にみられる水田の畦のようである。塩池をかたわらに掘って、いつもは塩水を貯めておき、夏から秋にかけて（雨期の増水のため

塩水を汲み出す作業

に）井戸の口が水没すると、貯めていた塩水を使う。東岸には蒲丁《プティン》と牙喀《ヤーカー》という二つの区画、西岸には加打《チアダー》という区画がある。東岸で生産された塩は純白で、西岸のものはやや赤く、雲南では「桃花塩」と呼ばれ、白い塩よりも高額で取引され、茶の色を際立たせる。

現在もこの塩井では、人力による製塩業が主要な産業となっている。二〇〇戸あまりの住民は、みな塩田をもっていて、生計の支えとしている。六一戸が製塩を専業にしている。製塩をおこなうのは、ナシ族である。

毎年三月、桃の花が咲く時期、この地域は乾期となり、塩の生産が本格的におこなわれる。ナシ族の女性は三〜六メートルの深さの井戸に梯子でおり、背負った木の桶に塩水をそそぎ、河岸の急斜面を踏みしめながら、塩池に向かう。ここにいったん塩水を貯めてから、あらためてテラスに運びあげる。乾燥した風にさらされ、太陽の熱をあびて、陽が峡谷に没するころになると、テラスの塩水の上に、結晶となった塩の花が浮かぶ。女性たちは木のヘラで菱形にかたまりはじめた塩を集め、竹籠にいれて余分な水分を落とす。塩を専業とする家は、まさに汗の結晶とでもいうべき塩を売り、その利益で食糧を買っているのである。作業は雨期が始まる六月まで続く。

交通が不便で、外部の塩がはいらなかった時代には、年間四〇万キロの塩が生産され、チベットはもとより四川や雲南に運ばれていった。バター茶にいれるにも、ここで生産された塩が使われていた。ほんのり赤みをおびた桃花塩（一説には桃の花の時期に生産された塩）は、とくに歓迎された。ただし、雲南のチベット族の村落で聞いた話では、この塩井の塩は加熱処理していないために質が悪く、家畜に与えたり、ウシの皮膚に寄生虫が食い込んだときに、皮膚にぬって治療したりするために使ったという。これは外地から良質な塩が流入するようになってから以降の状況であろう。

制度に裏付けられた交易

チベット族の家で、バター茶が供される。バター茶は味つけとして、そして乾燥した高原の生活で失われがちな塩分の補給のため、茶のなかに塩が加えられる。茶葉が生態環境の差異にもとづいて交易の産品となったのにたいして、塩はその産地が限定されているために、はるばると運ばれた。周囲を海にかこまれた日本では、塩が歴史をいろどるのは、沿海の上杉謙信が内陸の武田信玄に塩を送ったといったエピソードぐらいのもので、さほど多くはない。ヨーロッパでは岩塩の産地が分布していたため、長距離の輸送はおこなわれなかった。しかし、東ユーラシアの歴史は、塩で味つけられている。

　中国では広大な国土に比して製塩地が限られ、しかも塩は日々の生活に欠かせないために、古くから国家が専売▲するようになった。全国的に専売制を敷いたのは、漢の武帝である。有名な製塩地は、山西省の解池《シェチー》と呼ばれる塩湖で産する池塩、黄海沿岸の両淮と呼ばれる地域で海水を煮詰めてつくられる海塩、四川省の自貢《ツーコン》で井戸から汲み出される塩水を、天然ガスで煮詰める井塩などである。専売制のもとで、それぞれの製塩場で生産された塩は、どの地域に供給するのか、厳密に決められていた。こうした区域を、「行塩地」という。商人は税をおさめて規定された区域で販売しなければならない。行塩地以外の地域にもっていけば、「私塩」つまり塩の密売とみなされ、処罰される。

　制度に拘束された物産の生産と交易とは、生態環境に深刻な影響を与える。海塩を産する地域では、塩分に強い植物が生い茂っていた草地が塩田となり、

▼**塩の専売**　漢代に武帝のもとで塩の専売が始まるが、常設となったのは唐代中期の八世紀半ばである。塩販売区を定める行塩地の制度は、唐代にあらわれ宋代に確立する。元代には塩の受取証である塩引が、有価証券として流通した。

▼『滇南新語』　漢軍八旗に属する張泓が著した。張は一七四〇～五〇年代に雲南で役人生活を過ごし、塩をめぐる行政にもたずさわっている。内容は雲南在職中に著者が見聞した雑多な記録となっている。『雲南史料叢刊』第一一巻に所収。

塩を煮詰めるために近くの山地や島々からも、柴や薪が切り出され、植生が単調となった。雲南の黒井でみられたように、製塩のために山々の樹林が姿を消すこともめずらしくはない。生態環境の劣化のために、塩を生産するコストが上昇しても、制度に縛られているために、生産量を調節することが難しく、製塩地を中心に植生の破壊が広範囲におよぶことになった。

産地と販売区とが制度によって固定的に結びつけられていたため、塩が健康被害をもたらすこともあった。瀾滄江でつくられる塩井の塩も、他の塩と比較すると上質ではなかったものの、雲南のチベット族やナシ族はバター茶にその塩を使用していた。さらに深刻な事例もある。浪穹《ランチウ》（現在の洱源）には、もともと雲竜井の塩が供給されていたが、清代に白井《バイジン》（黒井鎮の西に位置する大姚県石羊鎮にある塩井）の行塩区に編入された。慣れない塩を使いはじめた途端に住民の腹は膨張し、家畜は病死するものがあいついだ。住民はもとの塩に戻すように訴えたが聞き届けられず、雲竜井の密売塩を使うしかなかった。役人も事情が事情だけに、厳しくは取り締まらなかったという（『滇南新語』▲乾隆六〈一七四一〉年）。

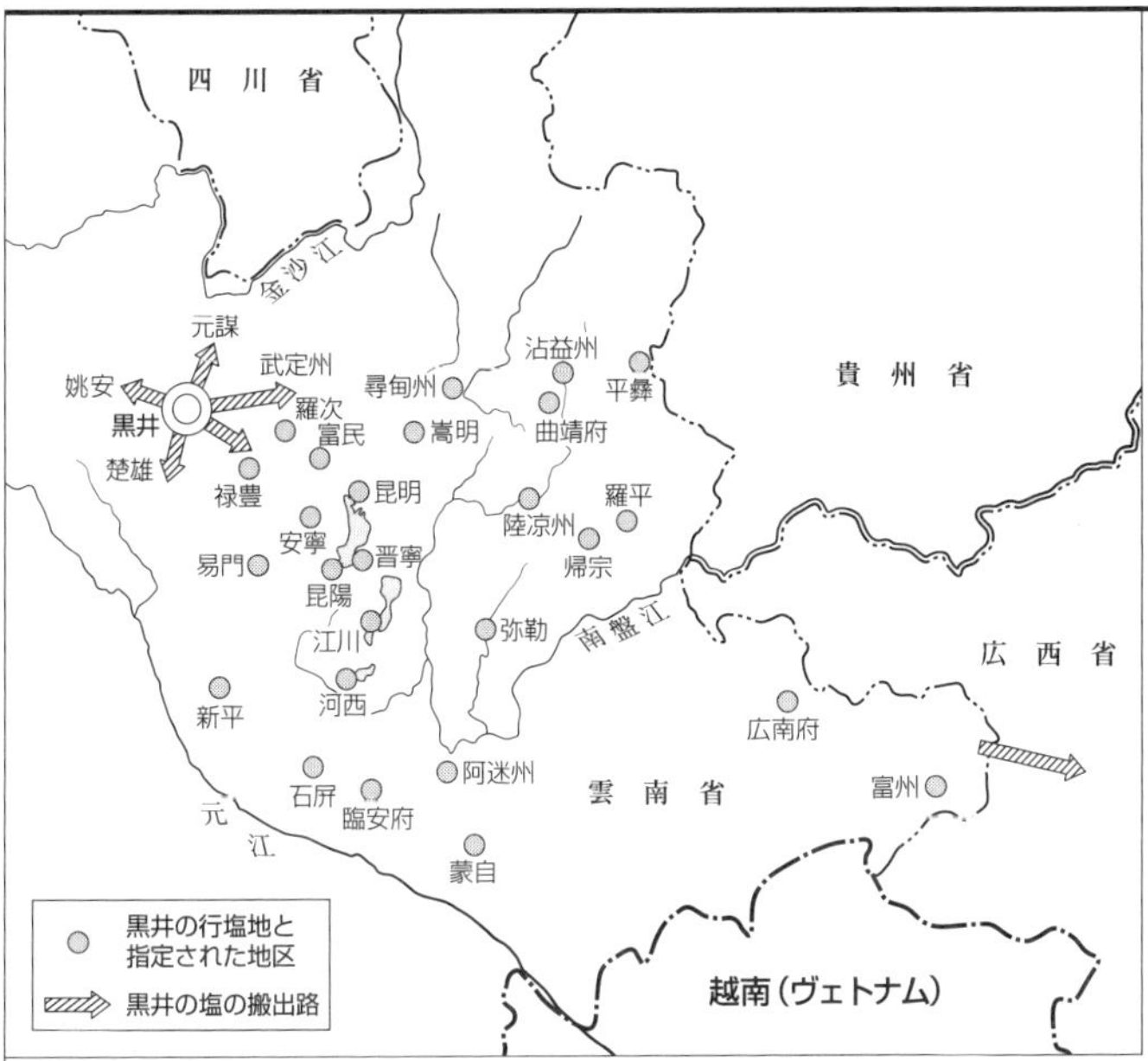

●—黒井鎮の塩の販売区域（行塩地）と塩の搬出ルート（十七世紀後半）

●—二十世紀前半における塩の輸送

制度に裏付けられた交易は、生態環境史を研究するうえで重要な手がかりを与えてくれる。制度としてどの地域からどのような物産が、国家におさめられたか、史料として記録されることが多いためである。とくに明代の前半期、十五世紀の中国では、王朝が必要とする物産を、市場を介して購入するのではなく、各地域からの貢納として制度化して確保していた。トラの皮などおさめなければならない物産が記録され、数目を変更するにも許可を求める必要があった。こうした記録を丹念に整理すれば、こうした動植物が生息する生態環境が、おおよそいつからいつまで存続していたのかを推定することができるのである。

黒井について、塩の生産量やそれに要した薪の数量、労働者の数などを推定できるのも、制度として運営され、記録が残されたからなのである。

③—銅をめぐる生態環境史

金殿をたずねて

　昆明に住んでいたとき、市街地の東北に八キロほど離れた金殿名勝区にでかけた。文献に鳴鳳《ミンフォン》山とでてくる小高い丘であるが、樹林が茂り静謐《せいひつ》な空気が流れ、「山が尊いのは高さのゆえではない」という言葉が想い起こされる。ここには明末に建てられた道教寺院の太和宮《たいわきゅう》がある。そのときの遠足の目的地は、山頂近くに建つ金殿と呼ばれる銅製の建物であった。史料によると、金殿は明代後期の一六〇二(万暦三十)年に建てられ、清代前期の一六七一(康熙十)年に再建されたものだという。

　雲南は銅の産地であり、東川《トンチュアン》などの銅鉱で採掘され精錬された銅のインゴットは、明代をつうじて毎年、雲南から東へ貴州省をへて湖北に運ばれ、銅銭に鋳造されることになっていた。ところが十六世紀末に、状況が一変する。皇帝であった朱翊鈞《しゅよくきん》▲が政治にまったく興味をもたず、全国に宦官《かんがん》を派遣して、民間の財産をかすめとり、贅沢な宮廷生活を満たそうとした。「鉱税の禍《か》」と

▼**朱翊鈞**(一五六三～一六二〇)　治世の年号にちなんで万暦帝として知られる明朝第一四代皇帝(在位一五七二～一六二〇)。十歳で即位、内閣大学士の張居正が政治を担当し明朝の財政を立て直す。しかし張の死後、皇帝は政務をボイコットし、宦官を重用した。

呉三桂が建てた金殿

中国史に記される搾取にたいし、一五九九(万暦二十七)年から湖北や雲南の各地で、徴税のために派遣された宦官にたいして反抗する暴動が毎年のように発生するようになったのである。せっかく集められた銅は、雲南から搬出することができなくなる。

時の雲南巡撫《じゅんぶ》▲は、道教への信心が深く鳴鳳山に太和宮を建てることを企画し、雲南に滞留していた銅を用いて、湖北の武当《ウータン》山を参考にして金殿を建てることを命じたのである。明代末期になるとこの金殿は、風水を壊しているという理由で、大理《ダーリー》の近くにそびえる鶏足《ジーヅー》山に移され、のちに文化大革命のときに破壊されてしまう。

いま私たちが目にする鳴鳳山の金殿は、清代の初めに雲南を支配した呉三桂▲が、明代の金殿に倣って建立したもの。建物の高さは六・七メートル、幅と奥行はともに七・八メートルと、それほど大きなものではないが、柱や梁《はり》はもちろん、扉や壁、神像をおおう天幕、テーブルから壺などの用度品にいたるまで、すべて銅でつくられており、その総重量は二五〇トンになる。殿内には、これもまた銅製の北極真武大帝像が安置されている。

▼**巡撫**　明・清代におかれた地方行政官。清代には省ごとにおかれた。税制や民政を担当し、軍隊も統率した。総督(数省ごとにおかれた官僚、巡撫とは独立している)と協力して地方行政を担ったため、督撫とまとめて呼ばれることが多かった。

▼**呉三桂**(一六一二〜七八)　明朝の武将として清軍にたいする首都防衛の要衝・山海関を守っていたが、李自成により北京が陥落すると、清軍を中国に引きいれた。清朝から平西王に封ぜられて各地を転戦、一六六二年に雲南を平定する。玄燁(康熙帝)がその力を削減しようとしたために、一六七三年に三藩の乱を起こす。

呉三桂は清朝が中国を支配する過程で、華南攻略の先達を務めた功績により、平西王に任命されて雲南を支配した。やがて呉の政権はほとんど独立国家という様相を示すようになり、雲南において鉱山開発を進め、新たな交易拠点を設けて通商路を掌握する。時の清朝皇帝の玄燁《げんよう》▲は、華南で軍閥化した漢族の政権を取り除こうとした。追いつめられた呉三桂は一六七三(康熙十二)年に清朝に反旗を翻し、「三藩《さんぱん》の乱」と呼ばれる戦乱が始まるのである。一六七四(康熙十三)年に、呉の政権は雲南で産する銅を用いて「利用通宝」という銅銭を独自に鋳造し、経済的な自立を模索するまでになる。

樹林のなか、大理石の石段を登って黒光りする金殿に近づくと、その頑強な風格のなかに精緻な細工がほどこされており、観る者の腹にずっしりとこたえるような重みがある。側面の壁には、「寿」の字がちりばめられている。雲南の銅を指先に感じながら金殿を一周し終わるころには、陽は西にかたむき、赤みをおびた光に照らされて、殿の屋根や柱に配された金箔が光を反射していた。

明代と清代の二度にわたって、雲南で豊富に産する銅を原料として、この金殿は建てられた。雲南がいかに豊富な鉱物資源に恵まれていたのか、金殿が私

北極真武大帝　古くは玄武神と呼ばれ、北方鎮護の武神。

▼玄燁(一六五四〜一七二二)　年号により康熙帝として知られる清朝第四代皇帝(在位一六六一〜一七二二)。愛新覚羅玄燁。北京にはいった父フリン(順治帝)の死去にともない若くして皇帝になり、一六八一年に三藩の乱を平定、中国支配の基盤をつくりあげる。

利用通宝

金殿の側面もすべて銅

に伝えてくれたように想われた。

雲南の銅鉱山

雲南の複雑な地形は、インド亜大陸がユーラシア大陸に衝突してもぐり込むさいに生じた造山運動の結果である。火山が多く、また大地震も頻発する。地殻変動は雲南に、多様で豊富な地下資源を与えてくれた。金・銀と並んで、雲南には銅山が少なくない。銅の採掘の歴史も古い。紀元前十二世紀ころの遺跡からは、青銅器が発見されている。

雲南で採掘された銅は、雲南で利用されただけではない。中国の華北で発掘された殷代の青銅器に含まれる銅の産地を、鉛の同位元素を手がかりに特定したところ、雲南産であると推定されるものが多いことが明らかとなった。のちに湖北省の銅緑山や安徽《あんき》省の銅陵山などの銅山での採掘量がふえ、雲南由来の銅の比率は減る。しかし、その絶対量は減じることはなかった。明代まで雲南で産出した銅は、貴州省の鎮遠を通過して、湖南に運び込まれた。荊《けい》・楚（湖南・湖北）から銅がもたらされたと、史料に記載されているものの、その大半

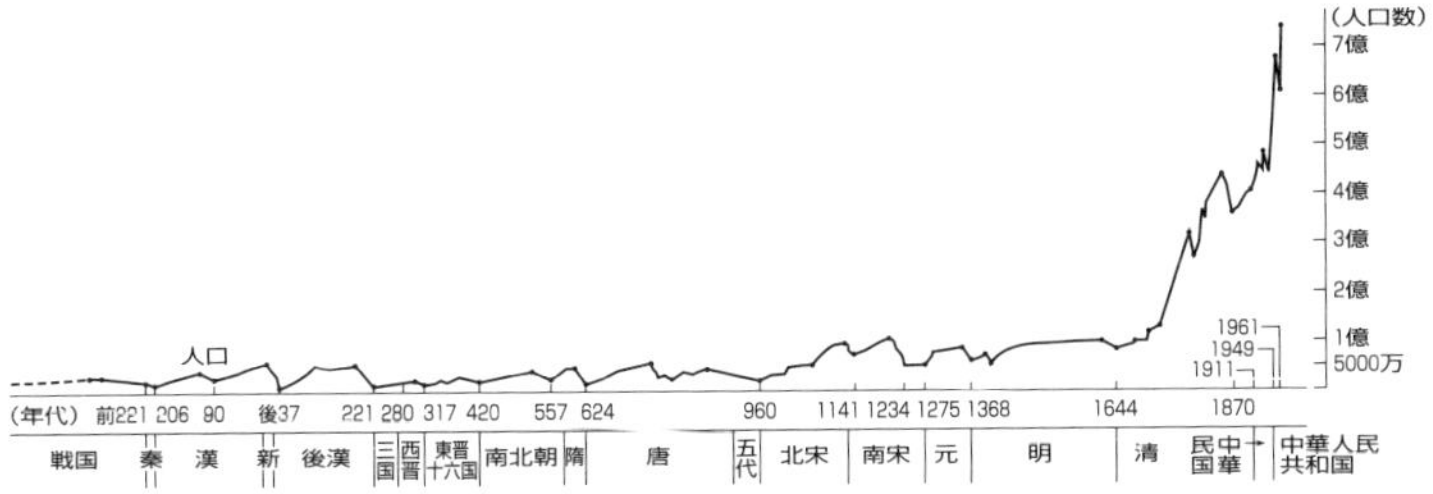

〔出典〕趙文林・謝淑君『中国人口史』人民出版社1998年より

は雲南産のものが占めていた。つまり荊楚は中原にいたる経由地にすぎない、と考えられている。清代、とくに十八世紀は雲南における銅生産の最盛期となった。

明朝から清朝へと移り変わる戦乱が終わり、社会が落着きをみせはじめると、中国は人口爆発と呼べるほど急激に、人口がふえはじめる。清朝は、満洲族という少数民族が圧倒的に数の多い漢族を支配した王朝である。ふえた人びとが飢え食物を求めて流動化すれば、人民をコントロールできなくなり、反乱を起こせば政権が一気に瓦解すると、歴代の皇帝は恐れた。清朝は、人びとを飢えさせないことを、もっとも最優先の政策課題とする。

官僚たちは、アメリカ大陸原産のトウモロコシやサツマイモを普及させ、台湾やタイなど海の外から米穀を輸入するなど、努力をかさねた。その政策は、食糧の確保にとどまらない。地域経済を振興し、ふえた人びとに口に糊する仕事を与えようとしたのである。この経済政策の要は、地域内で物資や労働力を滞りなく交換させるため、地域内で使用される貨幣を十分に発行するところにあった。清朝は銅銭を大量に発行することで、交換手段を確保しようとしたの

▼**鄭氏政権**　台湾によった鄭成功とその一族の政権。明朝の遺臣であった鄭成功は一六六一年に台湾のオランダ勢力を破り、清朝に抵抗する拠点とした。子の鄭経は三藩の乱と連携して大陸侵攻をはかるが失敗。その死後に清軍の攻撃を受けて、一六八三年に鄭氏は投降する。

▼**遷界令**　中国の沿海地域の住民を、海岸から一定の境界線より内陸側に強制移住させるとともに、海上交易を厳しく管理しようとする政策。「海禁」政策の一つ。一六五六年に民間人の海上貿易を禁止し、六一年に強制移住がおこなわれた。

である。銅銭の材料をいかに確保するか、これが清朝存続のポイントとなった。清朝ははじめ、民間人に鉱山の経営を委ね、生産量の二割を国におさめれば、あとの八割は鉱山経営者が自由に販売できるようにした。こうした背景のもと、鉱山の開発が急速に進む。

こうした努力にもかかわらず十七世紀後半、銅銭の銀錠《ぎんじょう》にたいする相対的な価値が高騰する。一つの理由として、台湾に拠点をもつ鄭氏政権▲の財政基盤を奪うためにおこなっていた「遷界令▲」と呼ばれる海上封鎖を、一六八四(康熙二十三)年に解除したことがあげられる。抑圧されていた交易が一気に加速され、生糸や陶磁器、茶葉の輸出が増大し、その代金として大量の銀が中国に流れ込んだ。このために銀の価格が下落し、相対的に銅銭の価値が上昇した。第二の理由は、地域経済の成長に銅銭の供給が追いつかなかったことがある。

十七世紀末になると銀錠と銅銭とのレートは、アンバランスなものになった。制度のうえでは銀一両あたり銅銭一〇〇〇文と定められていたのに、実勢価格は七八〇文から八〇〇文となり、銅銭を密造するうまみがます。清朝は厳罰で「私鋳」という密造を取り締まったが、効果がない。銅銭鋳造の利益を国が確

江戸時代の日本における銅山の採掘
別子銅山の跡に設けられたテーマパーク「マイントピア」の観光用坑道の展示。

保し、密造根絶のために銅の流通を管理する必要から、一七〇五年に清朝は、「放本収銅《ほうはんしゅうどう》」と呼ばれる政策に転じた。これは強制的に国家が銅鉱山の経営者に資本を支給し、精錬された銅の二割をこれまでどおりに税として取り立てるだけではなく、残りの八割も資金を国が出したから、という理由で「官銅」として低い価格で官僚が買い上げることとしたのである。

雲南の銅と日本の銅

清朝がおこなった「放本収銅」の政策は、かえって雲南の銅山を衰退させることとなった。銅山の経営者は、資金に困ってもいないのに、強制的に政府の資金を受け取らなければならない。その支給額は固定され、銅山の周囲の樹林が少なくなり精錬のための炭の価格が上昇しても、また労働者が多く集まるために食糧価格が高騰しても、ふやしてはくれない。官僚たちは税を取り立てるときに、銅の品質が悪いなどの口実を設けては、多くむしりとろうとする。しかも、生産された銅を自由に販売することも許されない。嫌気の差した経営者は、銅鉱脈が枯渇したなどの理由をつけて、銅山を閉鎖するようになったのである。

　減少した雲南産の銅を補ったのが、日本から輸入された銅である。あるいは、日本からの銅輸入のめどが立ったので、「放本収銅」政策をとれたと説明することもできようか。十七世紀末から十八世紀の初頭にかけて、世界有数の銅産出国は、日本であった。当時の日本の代表的な銅山は、足尾《あしお》▲と別子《べっし》▲である。とくに別子銅山は、世界に類をみない大鉱床であり、採掘が始まって八年後には、一五〇〇トンの銅を産するまでにいたる。

　十六世紀の日本は、生糸などの中国産品を輸入するかわりに、銀を輸出した。この貿易は、十六世紀に中国で政権を担っていた明朝が日本との直接の交易を認めなかったために、東南アジアや台湾などを経由しておこなわれた。十七世紀も後半になると、日本と中国とのあいだでは、政治的な交渉をともなわない「互市《ごし》▲」と呼ばれる交易が展開されるようになり、日本では幕府が対外交易を強く統制する体制が確立した。

　江戸幕府は銀のかわりに銅を貿易に用いる政策を推し進め、銅山開発に力をそそぐ。中国にたいする銅の輸出量は増大した。幕府は一七〇一年に大坂に銅

▼足尾　栃木県にある銅山。一六一〇年に発見された。江戸時代に採掘された銅は、日光東照宮の造営のときに用いられたり、輸出されたりした。明治時代に鉱毒を出したことで知られる。

▼別子　愛媛県にある銅山。一六九一年に開かれ、住友が経営した。明治期に近代技術が導入され、足尾・日立と並ぶ日本三大銅山の筆頭にあげられる。一九七三年に閉山。

▼互市　民間商人がおこなった中国をめぐる交易活動のこと。明代初期には朝貢に付随した互市しか認めなかったため、倭寇や遊牧民による密貿易が絶えなかった。十六世紀後半に、朝貢と切り離すことが公認され、西北では馬市と呼ばれる交易場が中国の境界に設けられ、海域でも港を指定して互市が展開された。

座を設け、銅関係者を一括管理する体制をつくり、長崎をとおした銅貿易を効率的に経営し、利益が出せる体質をつくろうと試みている。中国では海洋を渡ってくる銅なので、「洋銅」と呼ばれた。

中国の需要と日本の政策に支えられ、十七世紀末から十八世紀の初頭にかけて、日本から中国へ輸出される銅は増大した。しかし、これには限界があった。中国での銅の価格は、清朝の経済政策の枠のなかに位置づけられているため、上限がある。日本の銅山で坑道が深くなるにつれて、銅産出のコストがかさみ、日本国内の実勢価格が上昇する。日本側がもし輸出時の価格をあげようとしても、中国商人は首を縦に振れないのである。こうして銅輸出は、日本側がつねに欠損を出す貿易となった。さらに幕府にしても国内の経済が活況を呈するようになると、日本国内で銅銭を鋳造するために銅が必要となる。

十八世紀になると幕府は銀や銅といった鉱山資源の輸出から離れる方法を模索し、一七一五年に正徳新例《しょうとくしんれい》▲(海泊《かいはく》互市新令)を出す。このなかで、銅貿易を縮小するとともに、貿易枠のなかの銅も海産物におきかえていくことが明記された。日本から中国への銅輸出が制限されると、清朝は銅銭の原料を確保するた

▼**正徳新例**　日本の正徳五(一七一五)年に江戸幕府が出した長崎貿易にかんする法令。新井白石らが立案した。日本からの銀・銅の輸出力に応じた交易をおこなうため、長崎に来航する中国・オランダの船舶数を制限しようとした。

めに、雲南の銅山にたいする政策を変更せざるをえなくなった。

国際貿易環境の変化に応じて、清朝は雲南の銅山にたいする政策を調整した。まず一七二三(雍正元)年には官銅を収買するときに、手数料などを求めることを厳禁し、二七(雍正五)年から六二(乾隆二十七)年までのあいだに五回、段階的に官銅の購入価格を引き上げる。ついで一七七三(乾隆三十八)年には、生産量の一割を「通商銅」とし、自由に販売することを経営者に認めたのである。一七七〇年代に雲南の銅生産量は頂点に達し、年産一四〇〇万斤(約八三五五トン)となった。

銅の鉱山と輸送

清代に雲南では、新たな銅山の開発があいついだ。十七世紀半ばに経常的に採掘している銅鉱は一八カ所であった。「放本収銅」政策が実施された直後に、多くの銅山が停止したものの、清朝が銅山政策を転換した一七二三年以降は、銅山の数が急増しはじめる。一七四五(乾隆十)年には二十数カ所となり、七一(乾隆三十六)年にはさらに三〇カ所あまりの銅山が新たに採掘を始め、七二(乾

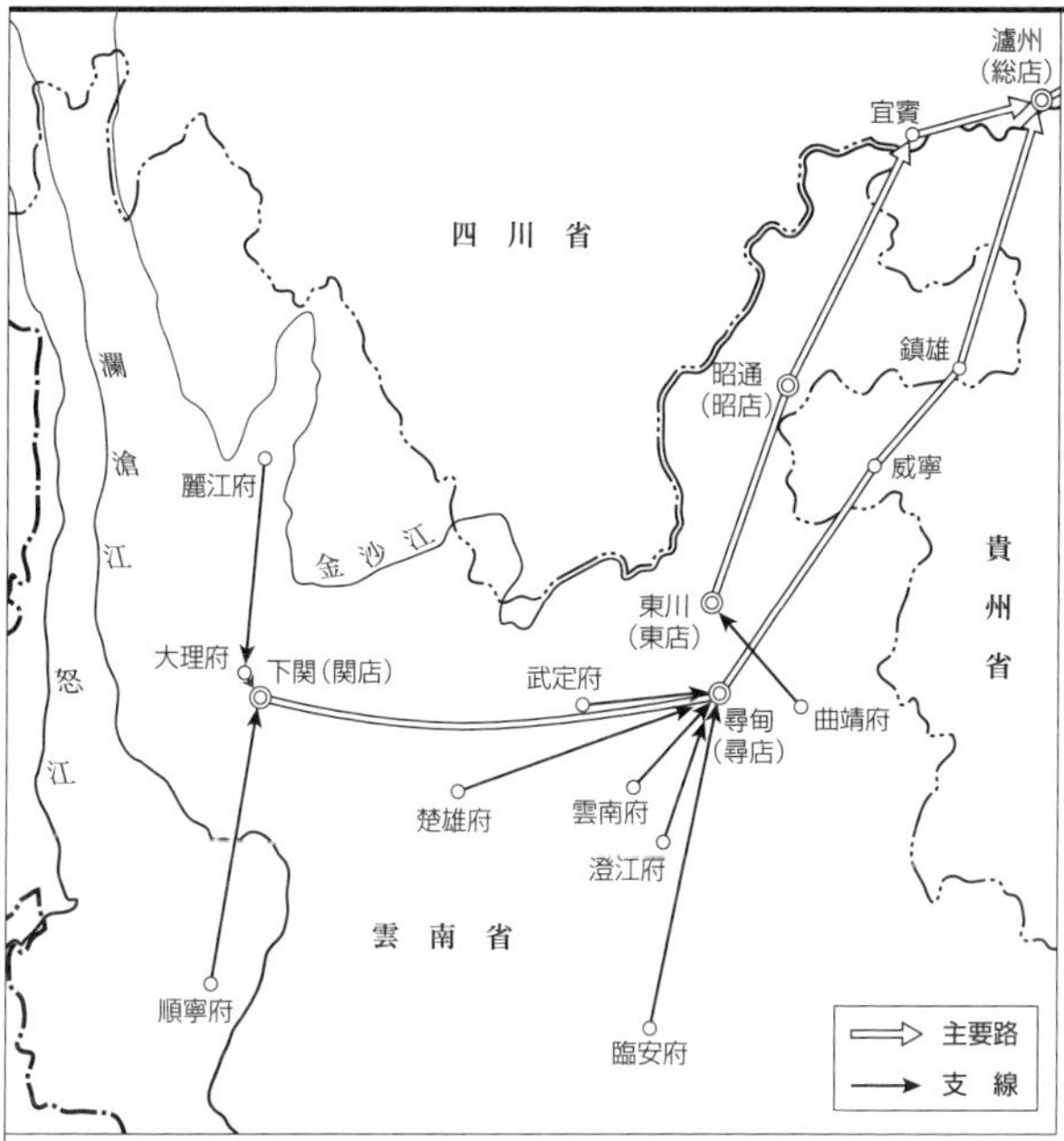

●清代における銅の搬出ルート

●鉱山における排水

●坑道

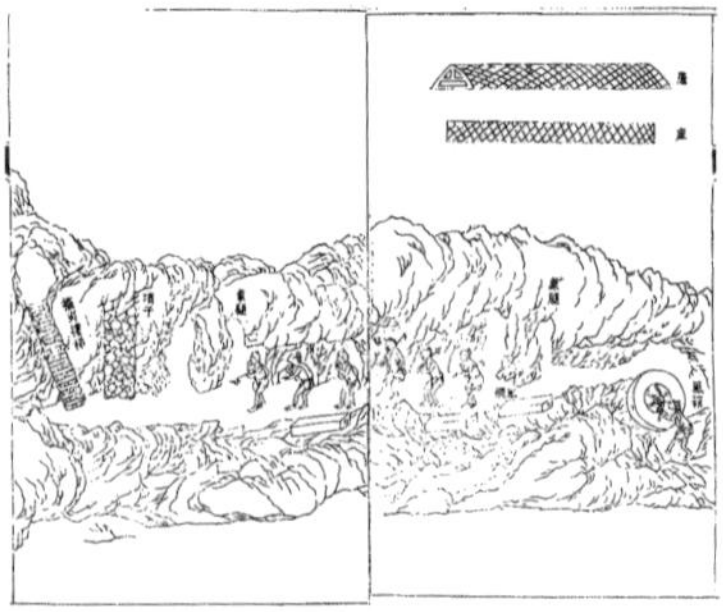

鉱山労働者　図右下には坑道に送風している者が描かれている。

隆三十七)年以降の銅鉱は四六カ所となっている。

銅山には、硐𥗽《トンツァオ》と明𥗽《ミンツァオ》という二つの種類があった。明𥗽とは露天掘りの鉱山、硐𥗽は地下に延びる鉱脈にそって坑道を掘り進める鉱山である。雲南銅山の代表格である東川の湯丹《タンタン》が、露天掘りの銅鉱であった。この銅鉱は耕作に適さない荒れ地にあり、しかも鉱脈が地表から深くない。銅鉱の近くに貯水池をつくり、周囲から水を引き入れる。地面を掘り下げて鉱脈を露出させると、まず火で岩盤を加熱したあとに、貯水池の水門を開いて水をそそぎ込む。岩盤の亀裂に浸透した水が急激に水蒸気になり、爆発する。粉砕された岩石を集めて精錬するのである。水蒸気ではくずせないかたい岩石は、火薬を用いて発破した。露天掘りは、効率的に採掘を進めることができ、労働者一人あたり一五〜二五キロの鉱石を採掘できたという。ただ大雨のあと、すり鉢状の採掘場にたまった水を排出する作業は、苛酷であった。

硐𥗽は日本人がイメージする鉱山で、山中に坑道を掘って採掘するもの。生死をともにする鉱山労働者は、たがいに兄弟と呼び合い、頭に「亮子《リャンズ》」という油のランプをつけた鉄輪をかぶり、一日三交代で働いた。一人あたり一日一〇

〜一五キログラムほどの鉱石を掘り出した。「釺手《チャンショウ》」(「釺」は柄の長い鋼鉄のたがね)「錘手《チョエショウ》」(「錘」はハンマー)と呼ばれる採掘担当、背塃《ペイファン》と呼ばれる鉱石の搬出担当、ふいごで空気を坑道に送り込む役割、三メートルほどの竹製の「水竜」と呼ばれる筒で水を排出する役割など、分業して働いた。

銅の精錬には、溶鉱炉に鉱石四〇キロと木炭一五〇〇キロほどを、交互に層を成してかさね、火をいれると一昼夜をかけて作業をする。経験を積んだ職人が火口を観察し、炉内の温度を管理する。とけた銅は炉の底にたまる。ときに閃光を発しながらたぎる。頃合いをはかって、米のとぎ汁を振りかけ溶解した銅の表面がかたまると、かな鋏で取り上げて米糠《ぬか》でおおい、荒熱をとったあと水中にいれると紫色の板銅となるのである。

清代初期、雲南には東川府の宝雲局がおかれ、銅銭を鋳造していた。年間三億枚以上の銅銭を鋳造していたという。しかし、その利益が大きいために、雲南で銅銭の密造がふえ、私鋳銭が多く出回るようになった。そこで政府は雲南での銅銭の鋳造を停止、雲南で採掘・精錬された銅を、雲南以外の各地の造幣局に送る体制に変更した。

運送は四つの段階に分かれていた。まず、それぞれの銅山から、下関《シャグアン》・尋甸《シュンディエン》・東川・昭通《チャオトン》の四カ所におかれた「銅店」に運ばれる。銅山の経営者が責任をもち、輸送の費用も負担した。第二段階は、各銅店から四川の瀘州《ルーチョウ》におかれた「総店」まで。ルートは二つあった。一つは尋甸路で、下関の「関店」から尋甸「尋店」をへて、鎮雄を通過して瀘州の総店にいたるルート。他の一つは東川路と呼ばれ、東川から昭通の「昭店」を通過し、塩津を通過して瀘州にいたるものであった。

第三段階は瀘州総店から漢口を経由し、長江をくだって揚州にいたるもの。銅運搬の専用船で輸送したが、重い銅を積んだ船はしばしば沈没し、渇水期に船曳の労働者を確保することが、困難であったという。第四段階は揚州から大運河を用いて、天津をへて北京の船着き場である通州《トンチョウ》をめざした。

ペストと銅

雲南における銅山が最盛期をむかえた一七七二(乾隆三十七)年、金鉱など有色鉱物の鉱脈が分布する鶴慶《ホーチン》で、ペスト▲が住民をおそった。この土地は茶馬古

▼ペスト　ペスト菌(*Yersinia pestis*)が引き起こす疾病。ネズミなどの齧歯類の動物が保菌し、動物に寄生しているノミを媒介してヒトに感染する。症状にはリンパ節が腫れる腺ペスト、全身に伝播して敗血症を起こす敗血症ペスト(黒死病)、肺炎を併発する肺ペストがある。

道に接していたため、物資の往来が多い。交易ルートにそってペストが持ち出され、一七七六(乾隆四十一)年には鄧川《ドンチュアン》や大理で、七九(乾隆四十四)年には麗《リー》江《ジャン》でも疫病が発生した。流行はいったんおさまったかにみえたが、八七(乾隆五十二)年に鄧川で流行が再発、世紀をこえて一八二〇年代まで雲南の広い地域で数万人もの死者を出す。年号にちなんで嘉慶大疫(嘉慶年間は一七九六〜一八二〇年)とも呼ばれる大流行となった。

一七九三(乾隆五十八)年に弥渡《ミートゥ》の師道南《しどうなん》という青年は「鼠死行」という詩のなかで、疫病の模様をつぎのように描く。

> 東にネズミの死骸、西にもネズミの死骸、人は死骸を見ると、虎に出会ったよう。ネズミが死んで何日もたたないうちに、人が大地に呑まれたかのように死にはじめる。昼に死ぬ者は数えきれず、日の光も薄暗く、愁雲が立ちこめる。三人が道を行けば、一〇歩も歩かないうちに二人が倒れて道をふさぐ。夜に死ぬ者は泣き叫びもせず、疫鬼(疫病の悪霊)が気をはき、明りが青白くゆれる。(『雲南通史』文芸志、天愚集)

ペストはネズミなど齧歯類《げっしるい》の動物がもともと保菌している疾病《しっぺい》が、ヒトに感

▼**人獣共通感染症**　ズーノシス(zoonoses)の訳語。ヒトとヒト以外の脊椎動物の双方が罹患する感染症で、病原体はウイルス・細菌・寄生虫などの別を問わない。狂犬病、エボラ出血熱、オウム病、ツツガムシ病、エキノコックス症など。近年、話題となっている狂牛病・鳥インフルエンザも含まれる。

▼**開発原病**　開発によって感染症が蔓延するプロセス。開発によりヒトが自然にひそむ病気と遭遇するケース、開発で参入してきた人びとが先住民の風土病に感染したり、逆に先住民のなかに外部から病気を持ち込んだりするケースなどがある。

染するものである。このように動物からヒトへと感染する疾病は、人獣共通感染症と呼ばれる。ヒトによる開発などが進むことで、保菌動物の生息域にヒトがはいったり、生息環境が破壊されたために動物が人里におりてきたりして、ヒトと動物が接触する機会がふえることで、野生動物の疾病がヒトに感染する。人獣共通感染症の多くが、開発原病である。

ペスト菌をもつ動物が、雲南の麗江周辺の山野にひそんでいた。そこがペストの発源地なのか、確定することは難しい。一説ではフビライが率いるモンゴル軍が雲南を制圧したとき、雲南の風土病であったペストが中央ユーラシアに持ち出され、モンゴル軍とともにヨーロッパに伝わり、十四世紀の黒死病となったともいわれる。モンゴル高原では現在でも、タルバガンと呼ばれる野生のマーモットがペストを保菌している。これも雲南起源とされていた。しかし近年、黒死病はペストではなく、アフリカの野生動物に由来する出血熱ウイルスであったという説も出されている。ヨーロッパで人口の三分の一の命を奪った疾病の起源を、雲南に求めるのは慎重を期したほうがよいのかもしれない。

十八世紀の雲南で銅生産が急増したことが、ペスト流行の背景にあったとす

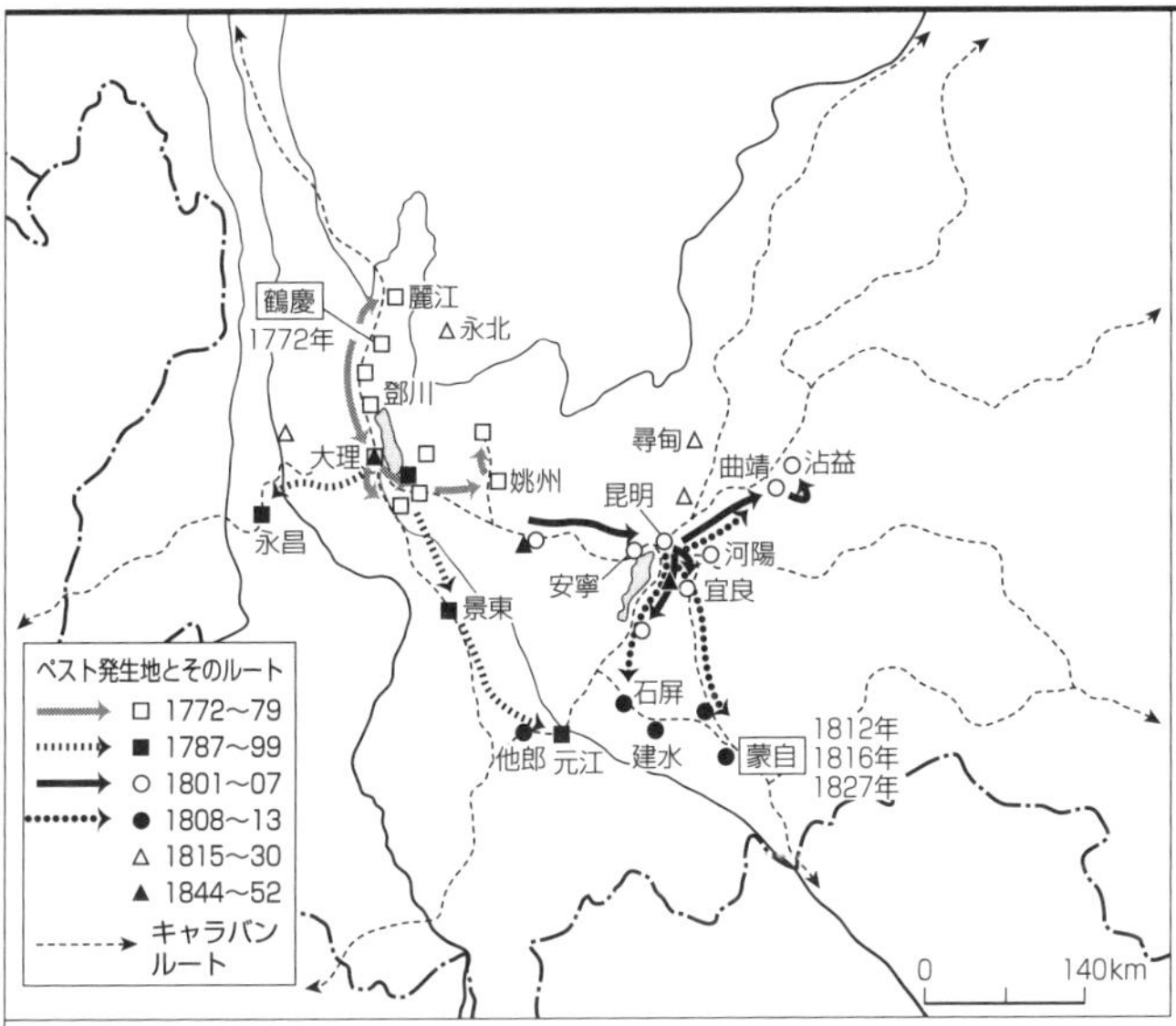

●雲南におけるペストの発生

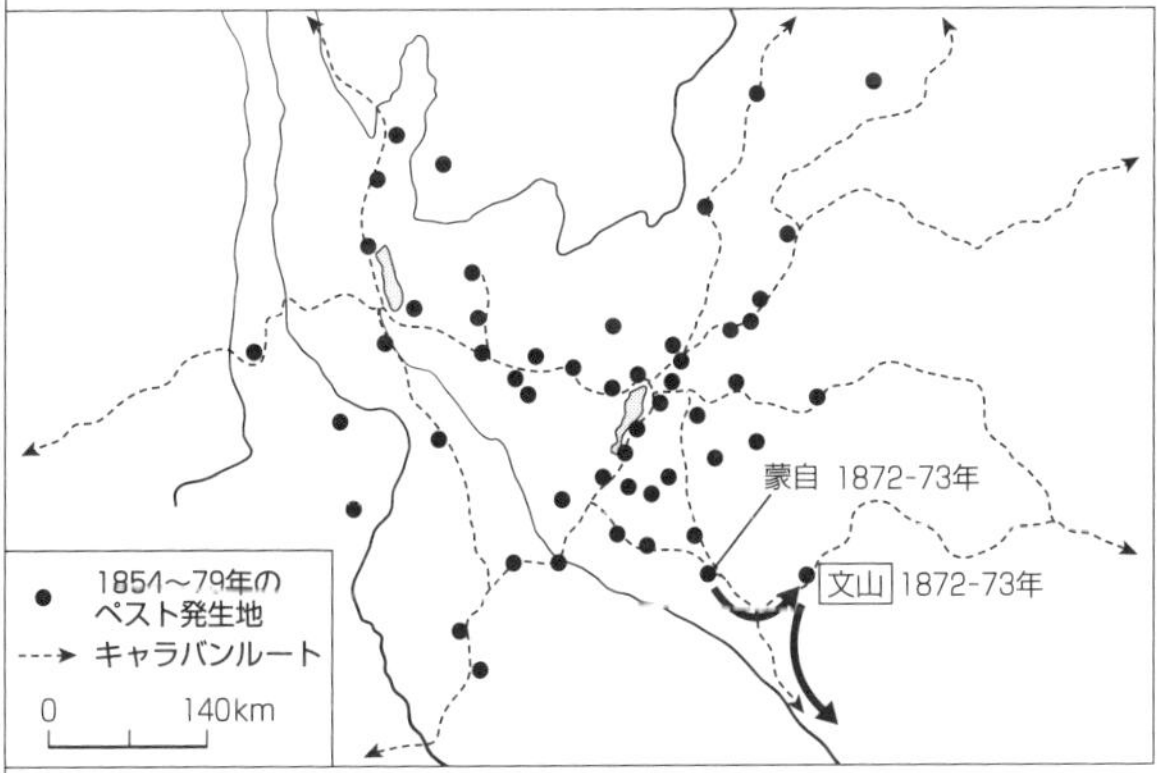

●杜文秀の反乱前後のペスト流行地

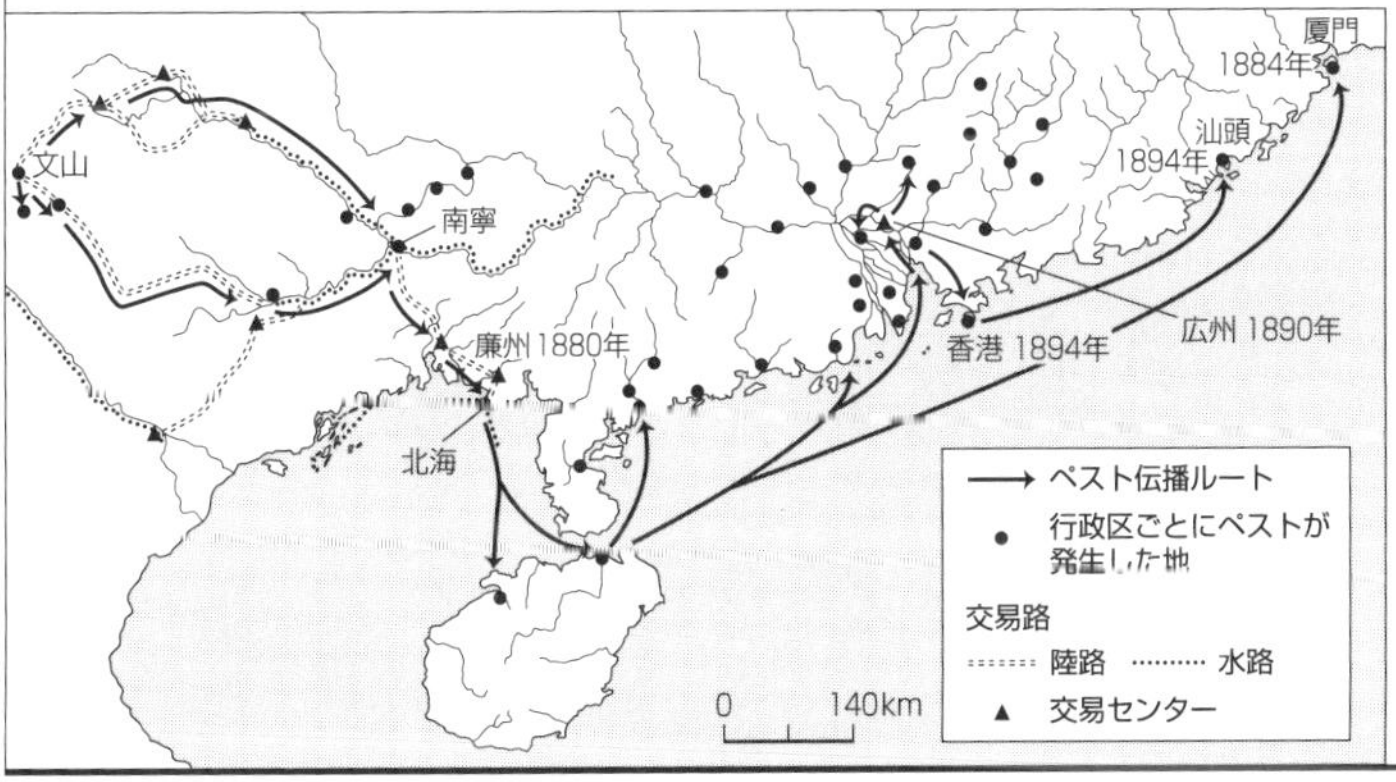

●雲南から広がったペスト

市に並ぶ銅製品　手前がチベット族が貯水に用いる甕。

る研究がある。一つには銅を生産するために、雲南の山林が荒廃したことがある。銅一キロを精錬するには一〇キロの木炭を必要とする。十八世紀に年平均五〇〇〇トンの銅が生産されていたのであるから、木炭を焼くために伐採された樹木の量は、莫大な数値となる。史料的に確認してはいないが、銅の精錬にともなう大気汚染も、森林破壊を加速したかもしれない。野生動物を取り巻く生態環境が激変したことで、ペスト菌をもつ齧歯類の動物が人里におり、人家に出入りするネズミにペストを感染させたというストーリーは、説得力をもつ。

第二に銅を生産するために、多くの労働者が雲南の外から流入したことがあげられる。増加したヒトが山野に分け入り、ペスト菌をもつ動物と接触する機会もふえたであろう。またヒトの移動の規模も大きくなり、病気が伝播される可能性もふえたであろう。銅を運送する荷駄がふえ、ペスト菌をもつネズミかノミが荷にまぎれ込んだとも考えられる。ペスト流行の道筋が、銅の搬出路とかさなっていることも、この仮説を補強する。

麗江の銅製品の工房

国際貿易に左右される交易

チベット族の家で、バター茶が供される。茶葉とバター、塩をいれたスラと呼ばれる茶筒にそそがれる熱湯は、囲炉裏《いろり》の上におかれた銅製の薬缶《やかん》で沸かされる。薬缶にいれられる水は、銅製の直径一メートルはあろうかという大きな甕《かめ》から、やはり銅製の柄杓で汲まれたものであった。

チベット人は銅製品を愛用する。日用品ばかりではない。彼らが篤《あつ》く信仰する仏たちの像も、多くが銅でつくられる。しかしチベット高原では銅はほとんど産しない。雲南の銅山で採掘され精錬された銅が、茶馬古道にそって高原に運ばれた。明代に茶馬古道の交易を掌握した麗江の木氏土司《どし》は、銅の加工を奨励した。麗江の街角には、清代にいたるまで銅の工房から槌の音が響いていた。

銅の生産は、雲南の生態環境に大きな影響をもたらした。銅山の周辺では精錬に消費される木炭を生産するために、山林が荒廃した。産業と森林破壊の関係は、井塩の生産と状況は似ている。いずれも国家の制度の変化と、産業の浮沈とが連動していた。ただし銅の場合、国内の情勢だけが制度を決定していたのではない。日本の銅をめぐる政策の変化が、間接的にではあれ雲南における銅鉱政策を左右していた点を、見落としてはならないだろう。銅をめぐる国際貿易が、生態環境の変化に濃い影を落としていたのである。そして同様な物産の一つに、アヘン▲がある。

　アヘン戦争の前史として、インドから中国に輸出されたアヘンについては、多くの史書が言及している。インド産アヘンは、まずイギリスの東インド会社▲がイギリス本国に送金する手段として使われた。インド産のアヘンを中国に、そして中国の茶葉を本国に運び、茶葉の売却益でロンドンにおける会社の経費をまかなうようなメカニズムがつくられたのである。インドから中国にアヘンを運んだのは、カントリー・トレーダー▲と呼ばれる商人であった。一八三〇年代になって東インド会社の中国貿易独占権が廃止されると、カントリー・トレーダーはアメリカをも巻き込んだ国際的な交易システムのなかで、アヘンの取扱量を増大させていった。

　富裕層から始まったアヘン吸引の習慣は、中国社会の中・下層にも広がり、中毒者が増大した。インド産アヘンは質がよいとされてはいたが、高価であった。そこに登場したのが、雲南で栽培されたケシからつくられた国産アヘンで

▼アヘン　ケシ（*Papaver somniferum*）の子房を傷つけてしみ出す汁を原料とする麻薬。ケシの種名は「眠気を促す」という意味のラテン語で、その麻薬作用は古くから知られていた。火であぶって吸引する方法が生まれると、十八世紀の中国で蔓延する。

▼イギリス東インド会社　一六〇〇年に設立されたアジア貿易独占権を有する特許会社。インドを統治し、中国貿易を独占する。十九世紀になると弊害がめだち、一八三四年に中国貿易独占権が廃止され、インド大反乱（シパーヒーの乱）を契機に五八年に解散された。

▼カントリー・トレーダー　イギリス東インド会社のもとで、インドと中国のあいだの交易に従事した民間商人。植民地とイギリス本国のあいだの交易に加われず、喜望峰と紅海より東の本国からみた地方（カントリー）で活動したために、こう呼ばれた。

あったのである。一八二〇年代に遡るが、十九世紀半ばともなると広西や広東などに雲南産アヘンが深く浸透するようになる。これが銅と同じように、ペストとからむ。

十八世紀から十九世紀の二〇年代にかけて雲南で流行したペストは、ヒトのあいだの流行が一段落したのちにも、各地で齧歯類の動物にひそんだと考えられる。一八五六年にムスリムの杜文秀《とぶんしゅう》▲は、ペー族▲、イ族、漢族なども率いて蜂起した。杜が大理で建てた政権と清朝とは、一八七四年まで雲南の広い地域を巻き込んで抗争した。一八年におよぶ戦乱は、生態環境の劣化を加速するとともに、多くの軍馬が移動したために、ペストをふたたびヒトの疫病として復活させ、雲南全土に蔓延《まんえん》させる結果となった。

雲南からペストが広西にはいり、そして陸路と海路を伝って広東に広がり、一八九四年についに香港にはいった。この経路は、雲南で生産されたアヘンが運ばれるルートとかさなるのである。国際貿易港の香港から世界各地にペストが広がり、世界的流行▲となった。国際貿易と疫病、その二つは深く関連し合っていたのである。

▼杜文秀（一八二七〜七二）　雲南のムスリム。ムスリム（回族）が清朝の役人から不当な扱いを受けたため一八五六年に蜂起、ペー族、イ族、漢族なども率い蜂起し、大理を攻め落として政権を樹立した。連携していた太平天国が崩壊すると形勢が逆転し、大理陥落寸前に自殺した。

▼ペー族　「白」と表記。雲南の大理を中心に一六〇万人。仏教を信仰するほかに、道教・儒教の影響も受けた。村の守護神として「本主」と呼ばれる神を祀る祠がある。その家屋は北方の漢族の家屋と似ており、白壁が美しい。

▼ペストの世界的流行　アヘン交易路を経由して、一八九四年にペストは香港で爆発的な流行をみた。このときフランス医師イェルザンと日本の北里柴三郎が、病原菌の確定に努めた。その後、中国各地や台湾・日本・ハワイ・北米へと東進し、東南アジア・インド、さらにアフリカへと西進した。近代の防疫制度が確立する契機となった。

④—東ユーラシアという広がり

交易会と東ユーラシア

雲南をたずねるまで、私はそこを中国の西南部に位置する辺境であると思っていた。ところが現地に立って、そこから世界を鳥瞰してみて、はじめて気がついた。この地は決して中国の西南部でも辺境でもない。

一九八四年四月半ば、大理《ダーリー》▲という名の古城に、私は立っていた。目当ては、この時期に大理で開かれる三月街《さんがつがい》と呼ばれる交易会。農暦三月十五日から数日間にわたって開かれるその交易会の歴史は古く、一説では唐代の観音を祭る廟会に遡るという。これが多くの民族が集う一大交易場として発展した時期は元代。明代にも発展をとげた。

三月街の会場は大理の市街地の東、町から会場へといたる沿道には、軽食や日用雑貨を商う出店が立ち並ぶ。広場の中心には衣料・電気製品をあつかうテントがひしめき、一角ではチベット族の薬材売りが、クマの掌、シカの角、サルのミイラ、それに冬虫夏草《とうちゅうかそう》を並べている。少し離れたテントのなかでは、チ

チベット族の薬材売り

▼大理　高原の湖・洱海を望む歴史ある町。古くから交通の要衝であり、古くは「昆明」と呼ばれる。八世紀に南詔国がここに都をおき、宋代に大理国もここに拠る。元代になると現在の昆明に雲南の中心地が移り、近代には洱海の南に位置する下関に都市機能が移る。

ベット族の医師が人びとの症状を聞き、チベット文字で処方を書いていた。多くの女性たちが民族衣装に身を包んでいる。衣装をみると、ゆきかう人びとはペー族・イ族・チベット族に漢族、ミャンマーとの国境に近い地域からきたジンポー族▲などである。

縁日を思わせる賑わいを取り囲むように、ウマやウシを取引する家畜市場が立っている。行き会わせたバイヤーに聞くと、仔ウマ一頭八〇〇元、仔ウシならば五〇〇元だという。当時の物価水準からすれば、仔ウマで都市ホワイトカラーの数カ月分の給与に相当する。開催期間は短いものの、交易会の取引額は莫大なものであったであろう。市街地の北のはずれでは、期間中、競馬がおこなわれていた。

人出でごった返す大理で、私は「乳扇《ルーシャン》」と漢字で表記されるチーズと出会った。中国料理にチーズがでることはない。留学していた私は、チーズに飢えていた。一九八〇年代の当時、チーズを手にいれようとしたら、上海に赴いて外国人用の売店で輸入品を買うしかないと思い込んでいた。

ところがここ大理では、地元の食材として扇型に薄く延ばして乾燥させた

▼ジンポー族　「景頗」と表記される。ミャンマーではカチン族と呼ばれる。雲南省西部、ミャンマー北部、インドのアッサム州東部の山岳地帯に居住し、人口は約七五万人(中国での人口一二万人)。陸稲を主体とする焼畑、精霊信仰が特色。

ジンポー族の女性

三月街の家畜市

▼翡翠　翡翠輝石($NaAlSi_2O_6$)が含まれる岩石。古代の中国では玉(ぎょく)として珍重されていた。古くは東トルキスタンのホータンなどで産する白いものが好まれていたが、十八世紀以降はミャンマーから輸入された緑色のものが好まれるようになった。

チーズが、ふつうに売られている。翌一九八五年に大理を再訪したときには、この地元チーズを用いて、外国人観光客向けにチーズフォンデュが供されていることを知り、驚くことになる。大理から北に進むと、牧畜を主とする文化圏にはいる。この文化圏はモンゴルの草原まで続く。

　大理の町で、私はこの土地が中国とチベット高原とを結び、さらにこの土地からモンゴル高原にいたるルートの存在を知ったのである。この発見は、私の地理感覚を大きく変えた。この新たな地理感覚は、現地で手にいれたガイドブックを読んで、いっそう強くなった。かつて大理には西からミャンマーで産した翡翠《ひすい》▲、南からは雲南南部のシプソンパンナーから茶葉、東からは中国で生産された繊維製品や雑貨が運ばれていたのである。

　大理を基点として周囲を見回してみる。北はチベット高原をへてモンゴル高原に視野が開かれ、東は貴州をへて中国の中核地域、南はシプソンパンナーをへて東南アジア、西はミャンマーを経由してインドへと広がる世界が浮かび上がってきたのである。

　この空間をなんと呼んだらよいのだろうか。二〇〇四年に私は一年間、雲南

洱海

で暮す機会をえた。このとき、極めて自然に「東ユーラシア」という言葉が脳裏に浮かんだ。

東ユーラシアの範囲

大理を基点として周囲を見回してみる。本書で最初に取り上げた茶葉の交易路は、この土地を経由して、洱海《アルハイ》と呼ばれる湖の西岸をたどって高原にのぼり、チベット高原に連なっている。さらにこの道を北にたどれば、モンゴル高原にもいたる。

大理から東へと道をとれば、銅の道となる。四川や貴州をへて長江の上流部に到達し、陸路を船に乗り換えて大河をくだれば、中国の経済的な中核地域である江南にいたる。江南から東シナ海の道に船出すれば、十七世紀に最大の銅産出国であった日本列島に到達する。長江と揚州で別れ、明代に機能しはじめた大運河にはいれば、華北平野を通過して天津、そして元・明・清、現在の中華人民共和国の首都、北京にたどりつくこともできる。

大理から南に向かえば、しだいに標高をさげてシプソンパンナーにはいる。

タイ族の生活環境

▼タイ文化圏　雲南西南部とミャンマーのシャン高原を中心に、タイ王国北部、ラオス・ヴェトナム西北部、インドのアッサムに広がる文化圏。盆地底部に住むタイ族を軸に、多様な民族がタイ語を共通語として共存する。

ここはもともとタイ族の王権が支配していた土地であり、盆地ごとに政権が併存しながらタイ文化圏▲をかたちづくる。この文化圏は、現在のタイ王国の北西部チェンマイを中心とする地域をも包摂していた。盆地の中心部の湿潤な土地では、タイ族が精緻な水利をおこない、豊かな米作地となり、盆地を取り囲む丘陵や山地には、焼畑を生業の一環に組み込んだ多様な民族が暮している。山地の民がチャの利用を始め、茶葉を生産してきた。大理から東南にくだれば、紅河の流域にはいり、ハニ族の築いた棚田を見ながら、ヴェトナム北部にでる。

大理から西につながる道は、中国では翡翠の道として知られている。ミャンマーで産出される翡翠は、この道を経由して中国の中核部に運ばれ、清代の中国人を魅了したのである。ミャンマーのミッチナーから南にくだればバモーをへて、マンダレー、ヤンゴンにいたり、アンダマン海に連なる。十九世紀には雲南西部の騰衝《トンチョン》から、多くの漢族がこの道にそってネットワークをつくり、商業活動を展開したことで知られる。ミッチナーから西に向かう道は、旅人をインドに案内する。

交易路という線で結ばれた地域を、大理を中心とする同心円を描いて、面で

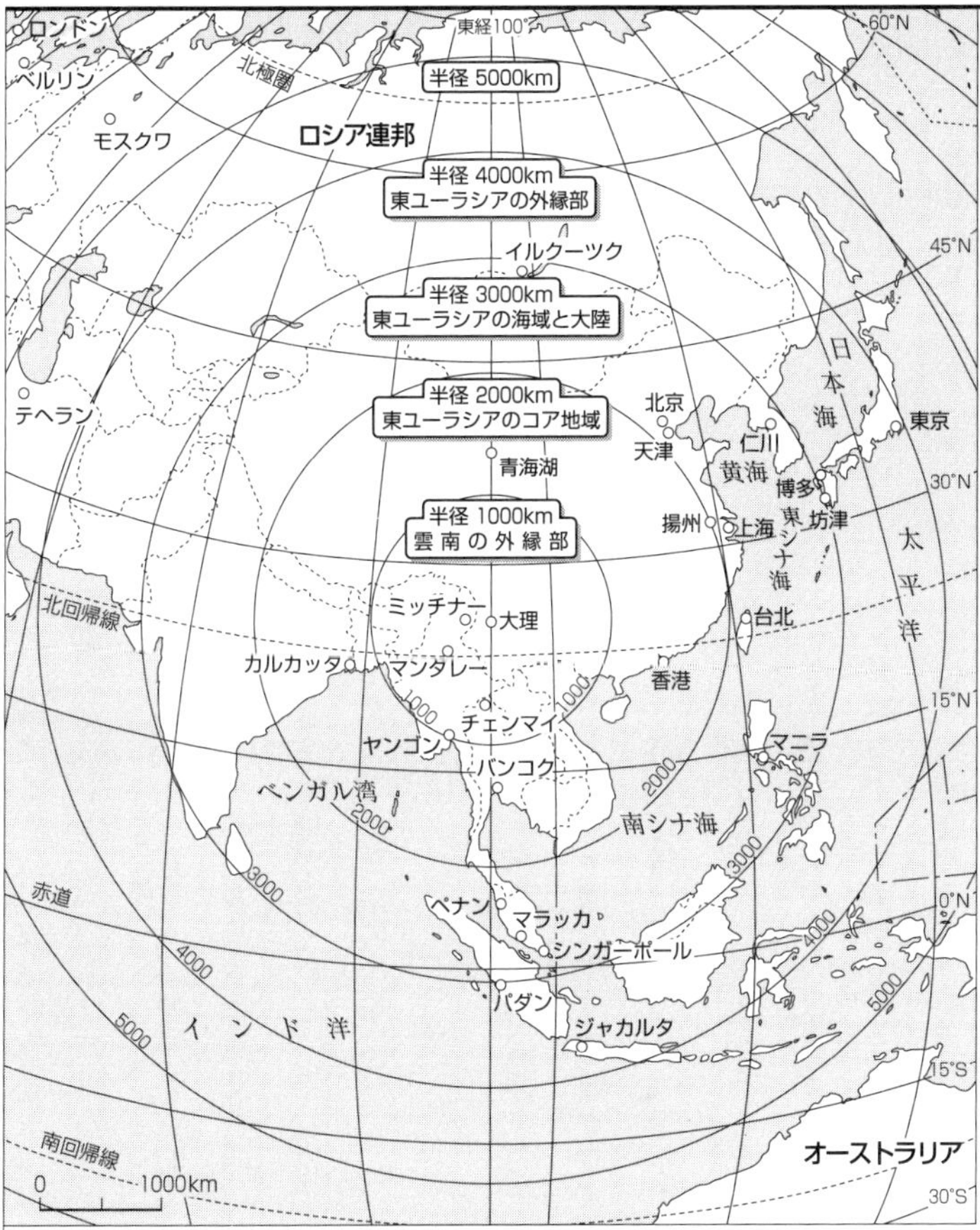

ロンドン
ベルリン
モスクワ
テヘラン
北極圏
東経100°
60°N
45°N
30°N
15°N
0°N
15°S
30°S
半径 5000km
ロシア連邦
半径 4000km
東ユーラシアの外縁部
イルクーツク
半径 3000km
東ユーラシアの海域と大陸
半径 2000km
東ユーラシアのコア地域
青海湖
半径 1000km
雲南の外縁部
北京
天津
仁川
黄海
日本海
東京
博多
坊津
揚州
上海
東シナ海
太平洋
台北
北回帰線
ミッチナー
大理
カルカッタ
マンダレー
香港
チェンマイ
ヤンゴン
マニラ
バンコク
ベンガル湾
南シナ海
ペナン
マラッカ
シンガポール
赤道
パダン
ジャカルタ
インド洋
南回帰線
オーストラリア
0
1000km
1000
2000
3000
4000
5000

●雲南（大理）を中心とした東ユーラシアの地図

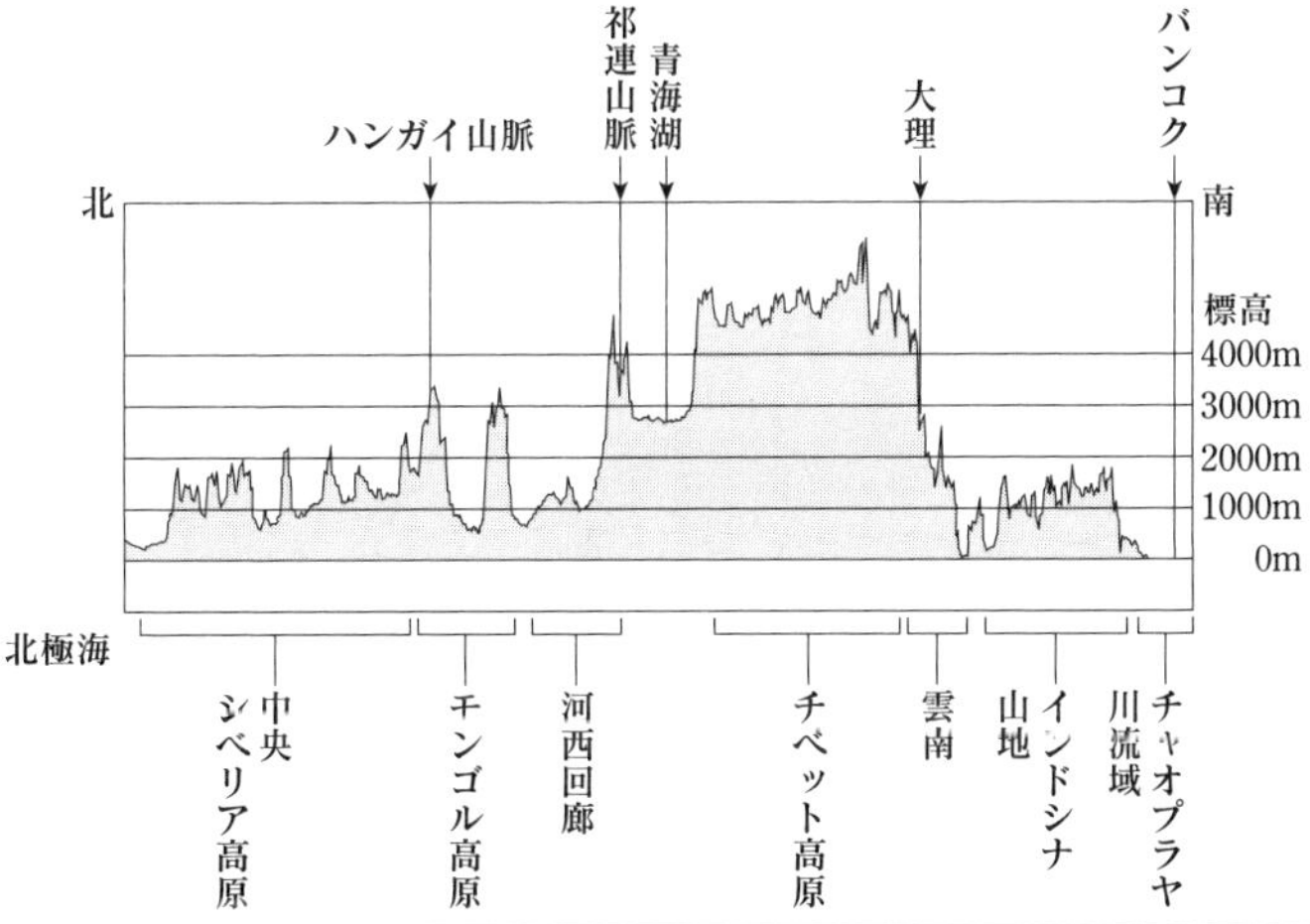

ハンガイ山脈
祁連山脈
青海湖
大理
バンコク
北
南
標高
4000m
3000m
2000m
1000m
0m
北極海
中央シベリア高原
モンゴル高原
河西回廊
チベット高原
雲南
インドシナ山地
チャオプラヤ川流域

●東経一〇〇度の断面

とらえなおしてみると、本書で東ユーラシアと呼ぶ範囲が浮かび上がってくる。地表での半径五〇〇キロの円のなかには、ちょうど雲南省がすっぽりとおさまる。半径一〇〇〇キロの円内には、中国と東南アジア大陸部とにまたがるタイ文化圏、チベット高原の東部と四川盆地、中国の貴州・広西という少数民族が多く暮す地域が含まれる。これは雲南と直接につながりをもつ雲南の外縁部ということになるであろう。

大理を中心として二〇〇〇キロの円を描くと、チベット高原のほとんどの地域、雲南のチベット族が信仰するチベット仏教ゲルク派▲の開祖ツォンカパ▲が生まれた青海、中国の江南地域や北京が円周の線上に位置づけられ、台湾、東南アジアの半島部、ベンガル湾岸のインド世界が含まれることになる。これは東ユーラシアのコア地域ということになる。

さらに拡大して三〇〇〇キロともなると、チベット高原の全域とタクラマカン砂漠のオアシス都市群、チンギス＝ハーン▲を生んだモンゴル高原、清朝を建設した満洲族の故地である中国東北地方、朝鮮半島の全域と日本の九州西部が包摂される。日本と中国とあいだの交易は、福岡の博多や鹿児島の坊津《ぼうのつ》であっ

▼ゲルク派　チベット仏教の宗派の一つで、黄帽派とも。十五世紀にツォンカパが開く。教義を集大成し、密教と顕教の統合をはかり、僧侶は戒律のもと僧院で生活する。第五代ダライ＝ラマの時期に雲南西北部で他の宗派を駆逐し、教勢を浸透させた。

▼ツォンカパ（一三五七〜一四一九）チベット仏教ゲルク派の開祖。青海省西寧に生まれ七歳で出家、十七歳のときに中央チベットの寺院で学び、三十六歳のときに自分の宗派を立てる。ガンデン寺を中心に、僧侶の組織を形成した。

▼チンギス＝ハーン（一一六二?〜一二二七）　本名はテムジン、元の太祖。モンゴル帝国の大ハンすなわちハーン（在位一二〇六〜二七）としてモンゴル帝国を建設する。東では西夏を滅ぼして金を攻め、西ではホラズムを征服する。

熱帯季雨林（タイ王国カオヤイ自然公園）　熱帯雨林は高さ五〇メートルをこえる高木が樹冠をふさぐのにたいし、熱帯季雨林では、高さ三〇メートルほどの樹冠を突き抜けて、五〇メートルほどの高木がところどころに生える。

たことを考えると、この範囲が東シナ海の交易圏を包み込み、中国からは生糸、日本からは十六世紀には銀、十七世紀には銅がゆきかった範囲となる。この範囲のなかにはフィリピンや東南アジアの島嶼《とうしょ》部、インド亜大陸の東半分が含まれ、東ユーラシアをめぐる歴史の主要な舞台となっていたと考えられる。

東ユーラシアの生態環境

東ユーラシアとしてくくった範囲は広く、地勢のうえでも世界の屋根にたとえられるヒマラヤから海域世界までを含み、多様な生態環境を見出すことができる。交易会がおこなわれた大理は、東経一〇〇度という位置にある。この線にそって大地の断面を南からたどり、東ユーラシアの生態環境の概略を明らかにしてみよう。

インド洋上から始まった断面線は、スマトラ島の中央部で赤道と交差したあと、マラッカ海峡を横切ってマレー半島に上陸する。南緯一〇度から北緯一〇度までのこの範囲は、インド洋で大量の水蒸気をはらんだ赤道西風が支配する。一年中雨が降りつづき、高温多湿な条件のもと、陸地には高さが五〇メートルをこえる熱帯雨林が繁る。植物の種類は多い。沈香《じんこう》▲などの香木がとれ、コショウ▲などの特産物も少なくない。

断面線をさらに北にたどると、いったんはタイ湾にはいったあと、タイ王国の首都バンコクをかすめるように東南アジアの大陸部を進む。タイ文化圏の南端に属するチエンマイを経由すると、雲南とも連続する丘陵山地と盆地が織りなす世界となる。ここの北緯一〇度から北回帰線あたりまでの地域では四季はなく、一年は、赤道西風が北上して大量の雨を降らせる雨期と、この風の帯が南にさがるために乾燥する乾期とに分けられる。北上するにつれて乾期が長くなり、植生は季雨林が主となる。複雑な地形が広がり、山地や丘陵では気温がさがるために、季雨林よりも常緑広葉樹林がみられるところも多い。本書で取り上げたチャノキは、こうした生態環境のなかで自生していた植物である。

断面線は大理を通過したあたりから、チベット高原の前衛ともいうべき山岳地域にはいる。石鼓《シーグー》と呼ばれる金沙江《ジンシャージャン》の渡河地を通過し、麗江《リージャン》に暮すナシ族が信仰する玉竜雪《ユーロンシュエ》山（標高五五九六メートル）を東にあおぎながら、しだいに標高をあげてチベット高原の東を縦断する。高原をぬけようとするところで、中

▼沈香　東南アジアの熱帯林に自生するジンチョウゲ科の常緑高木 *Aquilaria sinensis* などから採取される香木。すべての木材が香るわけではなく、虫害などでついた傷に特殊なカビが感染し、発酵して香気成分が生産される。極上のものは「伽羅」(きゃら)と呼ばれる。

▼コショウ　インド原産のつる性植物 ***Piper nigrum*** の果実からとれる香辛料。英語の Pepper は、サンスクリット語でコショウを指す Pippeli に由来する。シルクロードをへて中国や日本にも運ばれ、正倉院の宝物にもコショウがあった。明代以降、ジャワから海路でもコショウが中国に運ばれた。

青海湖畔のチベット族のテント

国最大の湖である青海湖の湖面を渡ることになる。この範囲は標高が四〇〇〇メートル前後であるために、寒冷な気候に適した針葉樹や灌木、あるいは草原が広がる大地となる。ここに暮す人びとは、渓谷に沿った比較的温暖なところではハダカムギなどを栽培し、高原の草地ではヤクなどの家畜を放牧して暮している。高山に適応した動植物のなかには、麝香《じゃこう》・冬虫夏草などのようにチベット医学や漢方の薬材となるものが少なくない。

ヒマラヤ山脈をこえる雨雲は、多くはない。東ユーラシアの自然の特色は、このチベット高原がインド洋から供給される湿った大気を断ち切ってしまうところにある。高原の北側に供給される水分はおもに、北極海からもたらされるものである。したがって、チベット高原の北側では、南が乾燥して砂漠となり、北に行けば行くほど湿潤となってタイガと呼ばれる大樹林帯をシベリアに形成するようになる。

高原の北麓には、高山地帯に降り積もった雪が夏にとけだし、伏流水となってくだった水が、砂漠のところどころで東西に列をなすように湧き水となって地表にあらわれる。この泉を結んだ線が、オアシスの道であり、シルクロードである。私たちがたどってきた東経一〇〇度の線は、高原をおりたところで黄河上流の河西《かせい》回廊を横切り、眼前にはゴビ砂漠を望む。

横断線は北緯四五度のあたりでアルタイ山脈を乗り越え、モンゴル高原の西部にはいる。モンゴル高原の北にも山地が連なる。北の山地は比較的湿潤で、樹林がみられる。モンゴル帝国が成立する以前、モンゴル族はこの樹林帯で狩猟採取をおこなっていた。その山地から流れ出た水分が豊かな草原をやしない、遊牧を生業とする民族が活躍する舞台をかたちづくった。

東ユーラシアの誕生

東ユーラシアは多様な生態環境をかかえ、それぞれの自然の条件に応じて、多様な生業がみられた。こうした東ユーラシアは、いつまとまりを有する歴史的な舞台となったのか。

東ユーラシアの中心に位置づけられる雲南の歴史を過去に遡っていくと、紀元前二世紀ころまでには、すでに雲南を貫く物流があった。漢の武帝▲は、ユーラシアの草原で勢力を伸張させていた匈奴《きょうど》▲と対抗するため、張騫《ちょうけん》▲を中国の西方

▼**武帝**（前一五九〜前八七）　前漢第七代皇帝（在位前一四一〜前八七）。前漢の最盛期に儒学を官学にし、モンゴル・ヴェトナム・朝鮮への勢力拡大をはかる。財政をまかなうため塩・鉄・酒の専売をおこなう。『史記』を書いた司馬遷はこの時代の人。

▼**匈奴**　古代モンゴルの遊牧民族で、冒頓単于（在位前二〇九〜前一七四）のもとで勢力を拡大、漢を建てた劉邦を白登山にかこんで匈奴に有利な条件で講和させた。匈奴は漢から毎年贈られる財物で勢力を維持することができた。

▼**張騫**（？〜前一一四）　匈奴を挟撃するため、武帝が中央ユーラシアの大月氏のもとに派遣。途中で匈奴に抑留されたが、脱出して前一二六年に漢にもどる。『漢書』列伝に彼が中国と中央ユーラシアを結ぶインド経由のルートの情報をえた経緯が記されている。

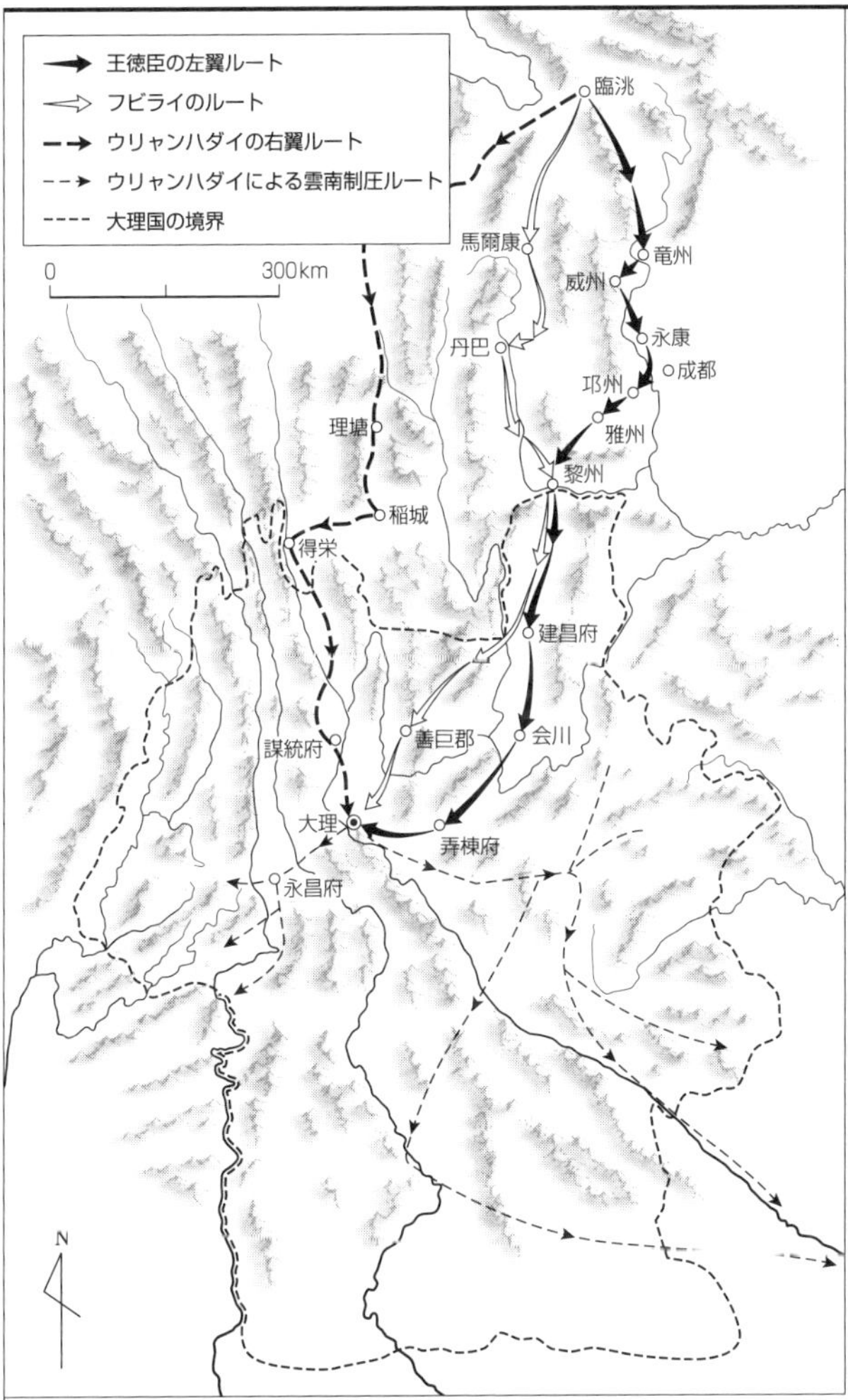

●—モンゴル軍雲南侵攻ルート

●—**玉竜雪山**　モンゴル軍の通過も見ていた麗江ナシ族の信仰の山。

▼**モンケ**（一二〇八～五九）　モンゴル帝国第四代ハーン。チンギス＝ハーンの孫。東では弟のフビライに南宋を攻略させ、西ではフラグを派遣してアッバース朝を滅ぼす。南宋攻略中に病死。

に派遣した。十余年の苦難ののちに帰国した張は、中国の四川で織られた絹織物などが、雲南を経由してインドに運ばれているという驚くべき情報をもたらす。武帝は匈奴の勢力圏を迂回して、雲南をへてインドにいたるルートを開拓し、名馬の産地と通行しようと計画している。

しかし、武帝の試みは失敗に終わる。四川からインドにいたる物流は、各地に居住する民族のあいだをリレー式に順送りにするものであったと考えられ、一本のルートとしては確立していなかったためであろう。当時の交易は、生態環境を変容させるほどの規模はもっていなかった。交易ルートが太くなる画期は、十三世紀半ばにあらわれる。

モンゴル高原でチンギス＝ハーンが建てたモンゴル帝国は、第四代ハーンのモンケ▲の時期に、中国を望むまでに拡大する。モンケは弟のフビライに、中国の攻略を託した。当時、中国の南部に命脈を保っていた南宋政権は、長江を天然の防衛ラインとしていた。騎馬による戦闘をもっぱらとするモンゴル軍は、それを突破できない。モンケはフビライに長江の中・下流部を迂回し、雲南を制圧し、背後から南宋を脅かすことを命じる。

モンゴルの征服戦争では、基本的に右翼・左翼と中軍とに分かれて進軍し、敵を挟み撃ちにする戦術がとられる。一二五三年夏に臨洮《リンタオ》でフビライ軍は三方面に分かれる。右翼（西ルート）はウリヤンハダイ▲が率い、チベット高原の東の渓谷を縫うように南下した。汪徳臣《おうとくしん》▲が率いる左翼（東ルート）は、四川盆地にはいって南宋の地方軍を破って成都を落とし、山越えをして雲南にはいった。フビライの本隊は、四川の西部をぬけて南下した。

三つの軍勢がめざすは、交易の要衝であった大理である。その年の秋、大理を支配していた段《だん》氏《し》政権は、モンゴルに滅ぼされた。翌年にはフビライは凱旋するが、ウリヤンハダイが残り、雲南を平定するとともに、ヴェトナムにもその勢力を拡大しようとした。

フビライが元朝を建てると、雲南は帝国の南の要《かなめ》となる。フビライに仕えたとされるマルコ＝ポーロ▲は、『東方見聞録』に当時の雲南のようすを活写している。めずらしい風俗だけではない。四川の塩が雲南で通貨として用いられていたこと、現在のミャンマーの領域内で週三回の定期市が立ち、遠方から商人が集まっていたことなど、交易に関する記載もある。

▼ウリヤンハダイ（生没年不詳、十三世紀）　モンゴル帝国の武将。ヨーロッパ遠征の経験もある。モンケがハーンに即位するにあたって影響力を発揮、フビライの雲南攻略を補佐する。一二五四年に大理国を占領、五七年に安南を侵攻した。

▼汪徳臣（一二二二～五九）　オングート族の出身。もとは金朝の武将であったが、モンゴル帝国にくだる。モンケ＝ハーンが南宋を攻略したとき、合州攻防で戦死した。

▼マルコ＝ポーロ（一二五四～一三二四）　イタリアのヴェネツィアを一二七一年に出発し、陸路で元の大都に向かい、フビライに仕えて雲南などに派遣された。帰路は一二九〇年に泉州から海路。『東方見聞録』を口述した。ただし商人であればかならず記したであろう茶に言及せず、中国の史料に彼の記録がないため、彼が直接に中国に到達したことを疑う研究者もいる。

ヤチ市（昆明）をたって西行すること十日にしてカラジャン王国（大理）に着く。……この国には砂金の採れる河が幾つかあるし、湖や山からも大きな金塊が採取される。ここでもコヤスガイが通貨として行使されている。しかしこの貝殻は当地で産するのではなく、インドから将来されてくるのである。（愛宕松男訳『東方見聞録』平凡社）

ポーロはインドと雲南を結ぶルートが活用されていたことを伝えてくれる。

私が大理に三月街をたずねたとき、文字が摩滅した石碑を広場で見た。これはフビライによる大理征服を顕彰した「世祖平雲南碑▲」である。碑の前に立ったとき、雲南を中心として広大な空間が存在することを、私は予感した。フビライ遠征によってモンゴル高原と雲南とが結ばれた一二五三年に、東ユーラシア圏が誕生したとみることができる。

東ユーラシアの歴史

雲南を攻略したモンゴル帝国は、その後、一気に南宋をくだす。フビライは中国を征服するプロセスのなかで、中国的な官僚機構を備えた元朝を建設する。

▼世祖平雲南碑　一三〇四年に元朝第二代皇帝のテムルが、その父フビライの雲南攻略を記念して建てさせた碑。摩耗が激しく、清代の地方志などに碑文が掲載されているが、碑に残っている字と一致しない。『雲南史料叢刊』第三巻に解説がある。

▼ウイグル族　トルコ系民族で八世紀にモンゴル高原で王国をつくる。九世紀に王国が崩壊すると南下して砂漠地帯のオアシス都市に定住し、シルクロードの交易を担った。モンゴル帝国の勃興期にその財政を支えた。仏教やマニ教を信仰していたが、のちにイスラームを受け入れる。

▼商社　オルトクと呼ばれる。モンゴル帝国のもとでウイグル族やムスリムなどの商人が組織し、陸上・海上の交易を担った。帝国内の政権と深く結びつき、銀を軸にした帝国の財政を支えた。

ウイグル族の市場（カシュガル）

この元朝が核になって、東ユーラシアの多様な生態環境のあいだをめぐる交易が、飛躍的に活発になる。雲南の西南部で生産された茶葉が、商品としてあらわれるのもこの時期であったし、黒井の塩井《えんせい》でモンゴル人の監督官のもとで本格的な製塩が始まったのも、この時期であった。

東ユーラシア全域を俯瞰するならば、長江下流部で織られた質の高い絹織物、景徳鎮《チンドゥチェン》などの窯業地で焼かれた陶磁器が、ユーラシア全域に輸出されるようになった。中国産品の流れとは逆方向に、大量の銀が中国に流れ込む。元朝は商業税や塩税などのかたちで銀を市場から徴収すると、元朝の皇帝をモンゴル帝国の盟主として承認してもらう見返りに、ユーラシア各地のモンゴル政権に贈り届けた。この銀がウイグル族▲やムスリムが経営する商社▲に投資され、ふたたび中国物産の買付けに使われた。この交易は銀の大循環と呼ばれる。

モンゴル政権は商業活動を保護し、交通の安全を約束したため、陸と海とをめぐる遠隔地交易が盛んになった。この交易は銀の循環が支えたとされる。しかし、東ユーラシアに存在した銀の絶対量が、拡大する交易の規模を支えられなくなった十四世紀、経済が失速する。元朝のあとに中国を支配した明朝は、

▼**石見銀山**　島根県に位置する。一五二六年に博多商人によって発見され、十七世紀前半には年間三八トンの銀を産出した。

▼**商業の時代**　東南アジア史研究者アンソニー＝リードが十五〜十七世紀の東南アジアを the age of commerce と呼んだところに始まる用語。商人が奢侈品を中心に、銀などの貴金属をもって取引した。

▼**港市**　海岸や河川の交易ルートの要衝に立地する港が発達し、政治や軍事の機能ももつようになったもの。東南アジアの政治形態を議論するなかで、確立した概念。インドシナのチャンパー、マレー半島のマラッカ、タイのアユタヤなどがその代表。

遠隔地交易を抑圧する政策をとらざるをえなかった。

長い不況をこえた十五世紀半ば、中国では銀に依存する経済が復活した。しかもおりよく、日本で石見《いわみ》銀山▲が発見され、さらにスペイン人がアメリカ大陸からフィリピンのマニラに銀を持ち込むようになり、東ユーラシア全域が保有する銀が増大し、遠隔地交易が拡大するペースが加速された。こうして十五世紀後半から十七世紀にかけて、東ユーラシアは中国の物産を軸にして、「商業の時代▲」に突入する。この交易にからんで、東ユーラシアの各地で生態環境が激変しはじめた。

熱帯雨林や季雨林が広がる東南アジアでは、海に接する港市▲に拠点をおいた商人が、河川を遡って森林の物産を求めて内陸にはいるようになった。森林に住む人びとも、遠隔地交易向けの産品を得るために森と向かい合う。ヒトと生態環境との関係は、大きく変化した。中国でも長江下流デルタ地域が、交易向けに養蚕とクワ栽培などに特化し、この手工業地域への食糧供給地として、長江中流域で米穀生産に適応する自然の改変が進んだのである。

十七世紀に東ユーラシアの交易は、ふたたび壁に突きあたる。一〇〇年あまりの模索の時代をへて、十八世紀には新しいシステムが生まれた。新システムの要点は、産業の振興。銀や銅などの貴金属を手にして、交易に参加するのではない。海外から輸入していた物産を自国内で生産したり、国外から物産を輸入するのに必要な外貨の獲得を目的に世界商品▲を生産したりするため、基盤から新たな生産工程を政策的につくりあげるのである。十八世紀から十九世紀までの時期を、「産業の時代▲」と呼ぶことができる。

日本では江戸幕府のもとで、生糸の国産化が進められ、銀・銅にかわる輸出産品として、俵物《ひょうもつ》と呼ばれる海産物が産業として育成された。とくに北海道のコンブ、青森から三陸海岸にかけてのアワビなどは、中国で高級食材として歓迎された。オランダやイギリスは、東ユーラシアの植民地で世界商品を生産する産業をプランテーションとして育成した。こうした産業振興は、生態環境を根底から変えることになった。

生態環境史の方法

生態環境▲とはエネルギーと物質の流れが統御し維持するシステムであり、生

▼**世界商品**　国の枠をこえて取引される商品。絹織物・陶磁器・コショウなどの奢侈品から、十八世紀になると茶葉・砂糖・綿製品などの日用品に比重が移る。黒人奴隷が世界商品となった時代もある。二十世紀にはゴムや石油・自動車が新たな世界商品となった。

▼**産業の時代**　十八〜十九世紀の東ユーラシアにおける交易の特色を明示するために、筆者が造語した。貴金属をもって遠隔地交易に加わるのではなく、輸入を代替する物産を国産化したり、国際的交易で歓迎される物産を政策的に生産する体制をつくったりすることを産業化と呼ぶ。十八世紀に東ユーラシアの各地でこうした動きがみられた。

▼**生態環境**　生態系 ecosystem とほぼ同義であるが、ある特定の生物を中心に生態系を全体的にみるという点が強調される。「生態」という言葉は本来 ecology の訳語ではなく、日本の植物学者三好学(一八六一〜一九三七)の造語で、植物の世界を美観という視点から全体的にみるというニュアンスが含まれる。

態環境史はそのシステムが質的に変化していくプロセスを明らかにする。地球に生存する多様な生物の一つ一つについて、それぞれの生態環境を想定することが可能であり、例えばトラを主人公とする生態環境史を描き出すこともできる。歴史学のなかに位置づけようとするならば、ヒトがエネルギーと物質の流れをどのように変化させたのか、その変化がヒトを含む生態環境をどのように変容させ、最後にヒトにどのようにフィードバックされるのか、こうしたテーマをあつかうこととなる。

生態環境史は、従来の「環境史」と異なる。環境史は人類の領域と自然の領域とを区別して、自然を人類の環境として静態的にみる傾向が強い。これにたいして生態環境史は、ヒトを含み込んだシステム全体を動態的に明らかにしようとする。

雲南の事例で説明しよう。雲南の環境と民族の文化との関係を論じる枠組みの一つに、「照葉樹林文化」▲論がある。この用語は「照葉樹林」という植生の極相《きょくそう》▲を分類する学術用語に、「文化」という言葉を結びつけてつくられた。照葉樹とは、夏に雨の多い温暖な気候に適応するカシ・クスやツバキ・チャノキ

▼照葉樹林文化　中尾佐助『栽培植物と農耕の起源』(一九六六年、岩波書店)でフィールドワークにもとづき提示された農耕文化にかんする議論を、哲学者の上山春平などが日本文化の起源論と結びつけた。照葉樹林文化が西日本と結びつけられたのにたいし、縄文文化・東日本の文化論として「ブナ林文化」論が提起されている。

▼極相　植物群落が遷移し、最終的に到達する段階のこと。植物群落は気候的に決まった極相へと収斂するとされていたが、近年では極相とみなされる群落内でも、植物はダイナミックに入れ替わっていることが明らかになり、条件の違いに応じて極相は変化すると考えられるようになってきている。

▼焼畑　熱帯や亜熱帯の気候に適応した農業。暑い土地では有機物の分解が早く、土壌はやせて酸化が進んでおり、有機物は樹林に蓄えられ

などの樹木。照葉樹林は東ユーラシアにおいて、ヒマラヤの南麓からインドのアッサム、東南アジアの北部と雲南をへて、長江下流域をへて日本の西南部にいたる地域に広がっている。

照葉樹林文化論は、栽培植物の研究にもとづいて提唱されている。照葉樹林という植物の織りなす環境に対応して、ヒトは農耕文化を発展させた。そこではサトイモやナガイモなどのイモ類、アワやヒエなどの雑穀が栽培され、湿潤温暖な気候に恵まれた樹林の旺盛な回復力を利用して、焼畑▲農耕が発達したとされる。栽培作物の共通性に対応して、照葉樹林が広がる地域では、共通した食物の加工や調理の方法がみられ、主食のイモに似たモチモチした食感の食物が好まれ、納豆やなれ鮨などの発酵食品が食卓をかざるようになった。

農耕と食生活、嗜好などの要素を組み合わせたものを、文化複合と呼ぶ。多様な民族が暮す雲南は、照葉樹林文化の原型を保存しているとみなされ、文明の起源としてオリエントの肥沃な三日月地帯に倣った名称「東亜半月弧」の中心として注目されるにいたる。

しかし、こうした研究はえてして、文化的要素を発見することに終始し、そ

ている。そこで森林に火をつけて開拓することで、土壌が改良され中和される。焼けた樹木の根をぬかずに耕作をおこなうため、数年耕作したあとに放棄すると、十数年で樹林が回復する。しかし、最近は過剰な焼畑農業がおこなわれ、樹林の回復能力をこえてしまい砂漠化が進んでいる。

東亜半月弧

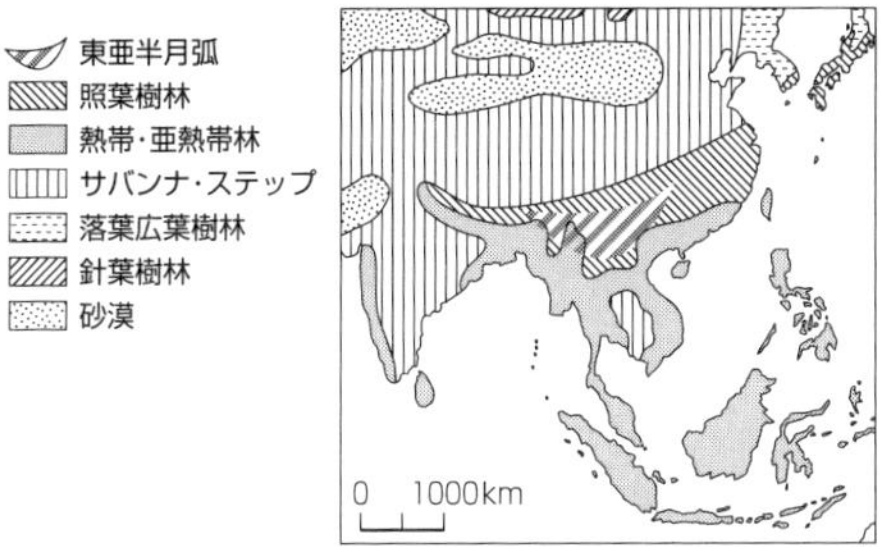

〔出典〕上山春平ほか『続・照葉樹林文化』中公新書をもとに作成

れぞれの民族が歩んできた歴史をなおざりにする。とくに照葉樹林文化が日本文化の原型とみなされた結果、雲南少数民族の文化から、日本と類似する部分だけをぬきだしてみるような議論が多くみられた。極相とは、植物の群落が遷移して最終的に到達する安定した状況のことである。そのために、極相林の名を冠した文化論は、静態的になりがちであった。

雲南では十三世紀半ばから、さかんに交易がおこなわれ、茶葉や塩、銅といった物産が生態的なまとまりをこえて行き来した。茶葉の生産が、山地に住む民族の山林との関わり合い方を変えることもあった。塩や銅を生産するために、エネルギー源として山林の木材が伐採され、生態環境の劣化をまねくことも少なくなかった。労働者が大量に流入したことが契機となり、生態環境のなかにひそんでいた感染症がヒトの社会に持ち出されることもあった。

生態環境史は、自然と人間と二分することはしない。物質とエネルギーの流れに着目し、生態系と呼ばれる大きなシステムのなかに、ヒトの営みを見出していこうという、一つの試みなのである。その学問としての道は、まだ始まったばかり。東ユーラシア生態環境史も、今後の展開を期待してもらいたい。

参考文献

日本語文献

飯島渉『ペストと近代中国』研文出版　二〇〇〇年
上田信『森と緑の中国史――エコロジカル・ヒストリーの試み』岩波書店　一九九九年
上田信『トラが語る中国史――エコロジカル・ヒストリーの可能性』（ヒストリア5）山川出版社　二〇〇二年
上田信『海と帝国――明清時代』（中国の歴史9）講談社　二〇〇五年
加藤久美子『盆地世界の国家論――雲南、シプソンパンナーのタイ族史』（京都大学東南アジア研究センター　地域研究叢書11）京都大学学術出版会　二〇〇〇年
川田順造・大貫良夫編『生態の地域史』（地域の歴史4）山川出版社　二〇〇〇年
岸本美緒ほか編『東アジア・東南アジア伝統社会の形成』（岩波講座世界歴史13）岩波書店　一九九八年
岸本美緒『東アジアの「近世」』（世界史リブレット13）山川出版社　一九九八年
木村靖二・上田信編『人と人の地域史』（地域の歴史10）山川出版社　一九九七年
新谷忠彦編『黄金の四角地帯――シャン文化圏の歴史・言語・民族』慶友社　一九九八年
中見立夫編『境界を超えて――東アジアの周縁から』（アジア理解講座1）山川出版社　二〇〇二年
濱下武士編『東アジア世界の地域ネットワーク』（シリーズ国際交流3）山川出版社　一九九九年
古島琴子『攀枝花の咲くところ――雲南タイ族の世界』創土社　二〇〇一年

見市雅俊ほか編『疾病・開発・帝国医療――アジアにおける病気と医療の歴史』東京大学出版会　二〇〇一年

英語文献

Benedict, Carol, *Bubonic Plague in Nineteenth-Century China*, Stanford University Press, 1996.

Elvin, Mark and Liu Ts'ui-jung eds., *Sediments of Time: Environment and Society in Chinese History*, Cambridge University Press, 1998.

Elvin, Mark, *The Retreat of the Elephants: an Environmental History of China*, Yale University Press, 2004.

中国語文献

劉光平『逝去的塩都・黒井』雲南美術出版社　二〇〇三年

王玉徳・張全明等著『中華五千年生態文化』（上・下）華中師範大学出版社　一九九九年

張増祺『雲南冶金史』雲南美術出版社　二〇〇〇年

趙岡『中国歴史上生態環境之変遷』中国環境科学出版社　一九九六年

周紅傑主編『雲南普洱茶』雲南科技出版社　二〇〇四年

図版出典一覧

「雲南画報」雲南画報社　2003-2 *40, 41*
謝天宇 主編『中国銭幣収蔵与鑑賞全書』天津古籍出版社　2005 *22, 49*左
劉光平 編著『逝去的塩都黒井』雲南美術出版社　2002 *45*
吉原道夫「『滇南礦廠図略』訳注」『東洋史論集』3　立教大学大学院文学研究科史学専攻東洋史　1999 *57*
著者撮影 カバー表, 扉, *1*〜*3, 5, 8, 13*〜*17, 19, 20, 24*〜*37, 47, 49*右, *50, 53, 58, 64, 65, 68*〜*72, 75, 77, 79, 83*, カバー裏

本書の執筆にあたりJFE21世紀財団アジア歴史研究助成による研究成果を活用した。

世界史リブレット83

東《ひがし》ユーラシアの生態環境史《せいたいかんきょうし》

2006年 4 月25日　1版1刷発行
2019年 9 月15日　1版4刷発行

著者：上田《うえだ》 信《まこと》

発行者：野澤伸平

装幀者：菊地信義

発行所：株式会社 山川出版社

〒101-0047　東京都千代田区内神田 1 -13-13
電話　03-3293-8131(営業) 8134(編集)
https://www.yamakawa.co.jp/
振替 00120-9-43993

印刷所：明和印刷株式会社

製本所：株式会社 ブロケード

 ISBN978-4-634-34830-1

世界史リブレット　第Ⅰ期［全56巻］

〈すべて既刊〉

1 都市国家の誕生
2 ポリス社会に生きる
3 古代ローマの市民社会
4 マニ教とゾロアスター教
5 ヒンドゥー教とインド社会
6 秦漢帝国へのアプローチ
7 東アジア文化圏の形成
8 中国の都市空間を読む
9 科挙と官僚制
10 西域文書からみた中国史
11 内陸アジア史の展開
12 歴史世界としての東南アジア
13 東アジアの「近世」
14 アフリカ史の意味
15 イスラームのとらえ方
16 イスラームの都市世界
17 イスラームの生活と技術
18 浴場から見たイスラーム文化
19 オスマン帝国の時代
20 中世の異端者たち
21 修道院にみるヨーロッパの心
22 東欧世界の成立
23 中世ヨーロッパの都市世界
24 中世ヨーロッパの農村世界
25 海の道と東西の出会い
26 ラテンアメリカの歴史
27 宗教改革とその時代
28 ルネサンス文化と科学
29 主権国家体制の成立
30 ハプスブルク帝国
31 宮廷文化と民衆文化
32 大陸国家アメリカの展開
33 フランス革命の社会史
34 ジェントルマンと科学
35 国民国家とナショナリズム
36 植物と市民の文化
37 イスラーム世界の危機と改革
38 イギリス支配とインド社会
39 東南アジアの中国人社会
40 帝国主義と世界の一体化
41 変容する近代東アジアの国際秩序
42 アジアのナショナリズム
43 朝鮮の近代
44 日本のアジア侵略
45 バルカンの民族主義
46 世紀末とベル・エポックの文化
47 二つの世界大戦
48 大衆消費社会の登場
49 ナチズムの時代
50 歴史としての核時代
51 現代中国政治を読む
52 中東和平への道
53 世界史のなかのマイノリティ
54 国際体制の展開
55 国際経済体制の再建から多極化へ
56 南北・南南問題

世界史リブレット　第Ⅱ期［全36巻］

〈すべて既刊〉

57 歴史意識の芽生えと歴史記述の始まり
58 ヨーロッパとイスラーム世界
59 スペインのユダヤ人
60 サハラが結ぶ南北交流
61 中国史のなかの諸民族
62 オアシス国家とキャラヴァン交易
63 中国の海商と海賊
64 ヨーロッパからみた太平洋
65 太平天国にみる異文化受容
66 日本人のアジア認識
67 朝鮮からみた華夷思想
68 東アジアの儒教と礼
69 現代イスラーム思想の源流
70 中央アジアのイスラーム
71 インドのヒンドゥーとムスリム
72 東南アジアの建国神話
73 地中海世界の都市と住居
74 啓蒙都市ウィーン
75 ドイツの労働者住宅
76 イスラームの美術工芸
77 バロック美術の成立
78 ファシズムと文化
79 オスマン帝国の近代と海軍
80 ヨーロッパの傭兵
81 近代技術と社会
82 近代医学の光と影
83 東ユーラシアの生態環境史
84 東南アジアの農村社会
85 イスラーム農書の世界
86 インド社会とカースト
87 中国史のなかの家族
88 啓蒙の世紀と文明観
89 女と男と子どもの近代
90 タバコが語る世界史
91 アメリカ史のなかの人種
92 歴史のなかのソ連